身近に使える48のインテリア小物

おうち時間を楽しむ
ボタニカル刺繍

アトリエ ド ノラ

Botanical Embroidery

welcome

KADOKAWA

はじめに

アジサイ、カモミール、キンモクセイ、ハナミズキ、レンゲ…。
身近に咲く花々を刺繍にして、おうちに迎えてみませんか。

いつものインテリアに刺繍の花を1輪添えれば
部屋が明るく、気分が華やぎます。

1日にはいろいろな顔があります。
本書では、朝、昼、夜と1日を3つの時間帯に分け
それぞれの時間を演出するインテリア小物を集めました。

それらを彩るのは54の花や実、葉たち。
同じ図案を使いながら、糸と配置を変えるだけで、
こんなにも多彩なデザインが生まれます。
さあ、どれから刺し始めましょうか。

おうちにいながら自然を感じられる優雅な時間。
できあがったものに想いを馳せながら
ひと針ひと針、おうち時間を思いきり楽しんで。

時計

今回、おうち時間を飾る時計がこれ。主張しすぎないよう、グリーン系でまとめてみました。一方、カバーでも紹介している右上の時計は、全面に花を咲かせてかわいらしく。

〜 ＊図案 ➤ p66,90,92〜95　＊作り方 ➤ p96 〜

時計（小）

Flowers

アカツメクサ
エリゲロン
シバザクラ
ハクサンフウロ
ハナミズキ
マリーゴールド
モッコウバラ

時計（大）

Flowers

アイビー
コケモモ
ハコベ
ミモザ
ローズマリー

Contents

morning 朝の時間 ……… 7

afternoon 昼の時間 ……… 19

evening 夜の時間 ……… 35

Column from atelier de nora

身近に使える48のインテリア小物
おうち時間を楽しむ ボタニカル刺繍

❴この本の使い方❵

ページ数は、作品／図案、作り方の順に記載しています。
花材名は基本的に一般名称で表記しました。
刺繍はすべて「花図鑑」の花を使っています。糸の色や図案の配置を変えることで、バリエーションを出しました。

・素材に関するデータはすべて、2021年3月現在のものになります。糸など市販の商品は場合によって、今後、流通がなくなることがあります。
・撮影の状況や印刷によって、刺繍の色が実物と多少異なる場合があります。
・本書に掲載されている刺繍の図案は、個人で楽しむ目的のみにご使用ください。無断で刺繍図案や刺し方を公開したり、商用利用したりすることはできません。

staff

撮影／村尾香織
スタイリング／本多敦子
イラスト／木村倫子
デザイン／望月昭秀＋林真理奈（NILSON）
校正／鷗来堂
編集／木村倫子、柳 緑（KADOKAWA）

from atelier de nora
{ アトリエ }

ここが「アトリエ ド ノラ」のアトリエです。経営していた雑貨店をほぼ自分で改装しました。
壁も床もDIY。ディスプレイ棚など什器はショップ時代のものが役立っています。

ハギレと糸で適当に刺繍するのがいちばん楽しいから、仕立てない素材が引き出しにいっ
ぱい。小さなカゴがあったから作ったピンクッションのように、作品は不意に完成したものが
多いかもしれません。アトリエは心を自由に遊ばせるアイデアノートのような場所です。

朝の時間

「おはようございます」。
ランチョンマット、コースター、テーブルナプキン…。
お気に入りに囲まれたテーブルで朝ごはんをいただきましょう。
ここから今日が始まります。

morning 朝

太陽の光を浴びて、1日をすがすがしく
始めたい！ 朝食のテーブルは、心落ち着
くブルー系でまとめてみました。ゆったり穏
やかなひと時が、今日の活力になります。

キャニスターラベル

食材のストックに便利なキャニスター。何が入っ
ているのか…刺繍で描いてみました。ラベルの
両端に紐をつけ、瓶の後ろで結べば完成です。

{ *図案 ▶ p67   *作り方 ▶ p97 }

*図案 ▶ p67   *作り方 ▶ p97

Flowers

アイビー
アマドコロ
キンモクセイ

ジャム瓶カバー

イチゴにブルーベリー、レモン。ジャムの果実や
花を刺繍して瓶カバーにしてみませんか。布は
切りっぱなしでOK。それも味わいになります。

{ *図案 ▶ p68   *作り方 ▶ p97 }

ランチョンマットと
コースター

やさしい花たちに囲まれた、1日の始まりに。ラン
チョンマットとコースターはひとり分ずつ、お揃い
の花でデザインを変えてみました。

{ ＊図案 ➤ p70　＊作り方 ➤ p98 }

Flowers

エリゲロン
キウリグサ
クロタネソウ
コケモモ
チョウジソウ
ネモフィラ
ムラサキシキブ
レンゲ

ティーコージーと
ポットマット

ハーブティーを入れたポットは、冷めないように
ティーコージーを被せましょう。マットと同じ花と糸
を選んで、お揃い感を出しています。

❦ *図案 ➤ p68,69　*作り方 ➤ p99 ❦

*図案 ➤ p68,69　*作り方 ➤ p99

テーブルナプキン

おしゃれなテーブルコーディネイトに欠かせない
ナプキン。長く使いたいから、幸せを呼ぶリース
を配したリネンを用意してみました。

{ *図案 ▷ p72 *作り方 ▷ p100 }

Flowers
オリーブ
カモミール
コケモモ
チョウジソウ
ラベンダー
ローズマリー

ディッシュクロス

グラスに花を飾ったり、1輪ずつ散らしたり。クロスの格子を利用して、図案を配しました。柄を見せながら、シンクの上に掛けてみて。

❴ *図案 ▶ p73 *作り方 ▶ p100 ❵

Flowers

アカバセンニチコウ
カタクリ
キツネアザミ
スミレ
ニガナ
ミズヒキ
ルッコラ

from atelier de nora

❴ 布選び ❵

顔映りのよい服があるように、糸の色がきれいに見える布があります。同じ図案を同じ
糸で刺繍したとき、布によって見え方がどう変わるのかサンプルを作ってみました。

白い布

基本

白い布は、きれいな
糸を発色よくそのまま
見せたいときに適して
います。

亜麻色の布

布の色違い

布と糸の色違い

亜麻色の布は白よりも柔らかい印象。刺繍が布に溶け込んでいると感じると
き(左)は、右のように濃度や彩度をわずかに上げると存在感がアップ。小
花のひとつは白い糸に変えてアクセントにしました。

青い布

布の色違い

糸がブルー系なの
で、青い布に刺すとよ
りやさしい仕上がりに
なります。

昼の時間

仕事の時間です。リラックスできるよう、
机まわりの小物は花刺繍で華やかに。
部屋の壁にはタペストリーやアートフレームを飾りました。
外出時に使うマスクやバッグにも彩りを添えます。

afternoon 昼

ここは仕事部屋。デザインを考えたり、布
や糸を選んだり。創作の時間は、黄色か
ら元気をもらっています。好きなものに囲ま
れているからこそ、作業がはかどります。

ピンクッションと
シザーキーパー

ピンクッションがこんなにかわいいと、針仕事が
ぐっと進みそう!? 一緒に、はさみもおめかしです。
初心者でも簡単にできるのが嬉しい。

❦ ＊図案 ➤ p76　＊作り方　p101,102 ❧

＊図案 ➤ p76　＊作り方　p101,102

Flowers

シバザクラ
スミレ
タンポポ

ソーイングボックス

バスケットの大きさに合わせて、ふたを手作り。
刺繍糸や刺繍枠、はさみを、花と一緒にデザイ
ンしました。実を運ぶ小鳥がポイントです。

*図案 ▶ p74　*作り方 ▶ p102

メッセージカード

季節の花で贈ってみませんか。花刺繍のカード
はきっと、言葉以上のものを伝えてくれます。何枚
か立てて飾れば、インテリアにも。

＊図案 ▶ p77　＊作り方 ▶ p103

Flowers
アジサイ
イチゴ
ウスユキソウ
キツネノカミソリ
モッコウバラ

ワンマイルウェア

いつもの服をおしゃれに変身させるなら、同系色
で決めてみて。服の模様も右ページも、同じ花と
実をつないだもの。アレンジ自在です。

〜 *図案 ▶ p78 *作り方 ▶ p104 〜

Flowers
アカバセンニチコウ
オダマキ
ミモザ

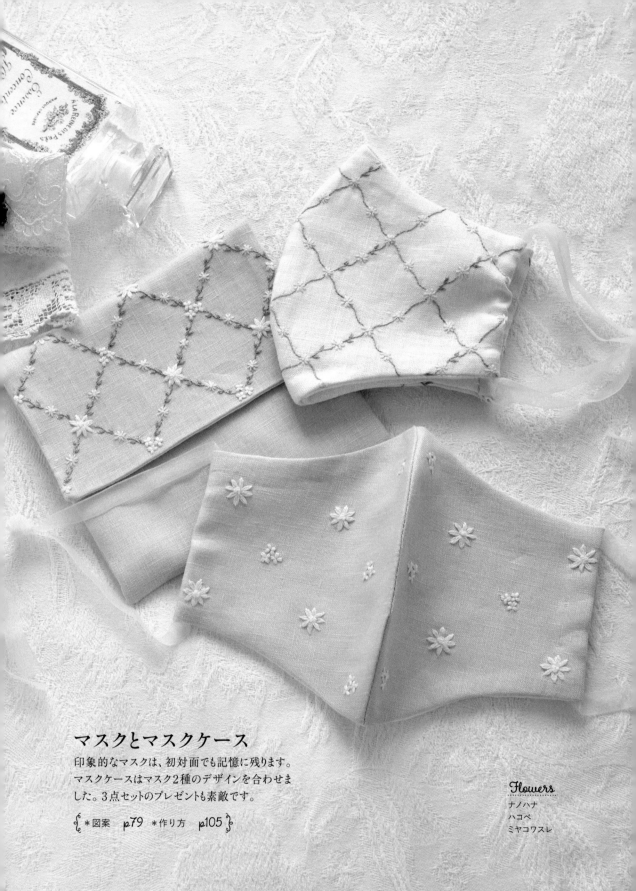

マスクとマスクケース

印象的なマスクは、初対面でも記憶に残ります。
マスクケースはマスク2種のデザインを合わせま
した。3点セットのプレゼントも素敵です。

{ *図案　p79　*作り方　p105 }

Flowers

ナノハナ
ハコベ
ミヤコワスレ

トートバッグ

柔らかい布のトートバッグは、簡単にリメイクできます。ストライプの生地に、柄と同じ1色刺繍で描く曲線が新鮮。色数を抑えて品よく。

{ *図案 ▶ p80　*作り方 ▶ p104 }

タペストリー

ボックスに花が溢れる華やかなシーン。一幅の
絵のように飾りたいから、マグネット式のタペスト
リーホルダーを利用してみました。

❧ *図案▷ p80 *作り方▷ p103 ❧

Flowers

エリゲロン
キウリグサ
ノコンギク
ハクサンフウロ
ハナニラ
モッコウバラ
ラベンダー
ルッコラ

コルクボード

大切なことを忘れないよう、メモをピンなどで留めるコルクボードには、花畑の刺繍を。部屋にいながら自然を感じられて、なごみます。

{ *図案 ▶ p84 *作り方 ▶ p107 }

Flowers

カモミール
シバザクラ
スミレ
タンポポ
ポピー
レモン

アートフレーム

刺繍枠とフレームを組み合わせて、壁を彩るイン
テリアに。黄色のなかでも、柔らかい色合いを選
ぶと、心落ち着く印象になります。

{ *図案　p82　*作り方　p106 }

Flowers

アキノキリンソウ
カゼクサ
キウリグサ
クレマチス
スノードロップ
ニガナ
ネモフィラ
ノイバラ
ハコベ
ハナニラ
ミゾソバ
ミモザ

from atelier de nora

｛ スケッチ ｝

刺繍を考えるときに描くスケッチ。植物を刺繍するきっかけは
山歩きでした。山では自然のなかにどっぷり浸かって、空気
を味わうことに専念します。そして心と身体にいつの間にか溜
まったイメージは、作品のためにデザインを考えるとき生かさ
れます。葉の尖り方や花びらの厚みなど、実際に目で見て
手で触れた体験がノラ刺繍の原点です。

夜の時間

ランプシェードにクッションカバー、アイピロー、ブックカバー…。
眠る前のなごみの時間に使っているものにも、
大好きな花を描きました。花たちに包まれて、
今日も「お疲れさまでした!」

evening 夜

夕食後は温かい紅茶を飲みながら、読
書タイム。手作りカーテンのやさしいピン
クの色に包まれて、ゆったりとくつろいで。
1日の疲れを癒やします。

ランプシェード

鳥が運んできた花や実でできた大きなツリー。
シェードには素敵な物語を織り込みました。灯り
に照らされると、また違う雰囲気になります。

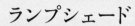

*図案 ▶ p85　*作り方 ▶ p107

Flowers
アカツメクサ
キツネノカミソリ
クレマチス
ナナカマド
ノイバラ
ハクサンフウロ
ハナミズキ
ルピナス

カーテン

刺繍したものと無地をパッチワークすると、大きな
カーテンができあがります。図案は12、32、44
ページの花や実を組み合わせました。

❧ ＊図案 ➤ p71,84,87　＊作り方 ➤ p108 ❧

Flowers

アキノキリンソウ
カモミール
クレマチス
コケモモ
スミレ
ネモフィラ
ポピー
ミヤコワスレ
ムラサキシキブ
レモン

クッションカバー

同じ花をリースにしたり、集めたり、散らしたり
（p43）。いろいろデザインできるのが花刺繍の
魅力です。ストライプ柄がやさしい表情に。

{ ＊図案 ▶ p86　＊作り方 ▶ p109 }

Flowers
スミレ
チョウジソウ
ナノハナ
ノコンギク
ハナニラ
ムラサキシキブ
レンゲ

ブランケット

フリンジと呼応するように、花と実を一列に並べた
ら、こんなにも印象的になりました。ふっくらとした
ウール糸の手触りが上質で贅沢。

*図案 ➤ p87　*作り方 ➤ p111

Flowers

アキノキリンソウ
クレマチス
ミヤコワスレ
ムラサキシキブ

アイピロー

目をケアするアイピローには、好きな花をぎゅっ
と集めて。花畑にいる気分を味わいませんか。
中には精油を垂らしたティッシュを入れても。

❊ ＊図案 ＞ p88　＊作り方 ＞ p111 ❊

Flowers

ウスユキソウ
カゼクサ
キツネアザミ
スノードロップ
ノイバラ
ブルーベリー
マリーゴールド
ミゾソバ
レースフラワー

ブックカバーと栞

花姿がよくわかるよう仕立てた栞は、いくつも作っ
てコレクションやプレゼントに。ブックカバーと合
わせて、優雅なひと時を。

❴ ＊図案 ▷ p89　＊作り方 ▷ p109,110 ❵

Flowers
アジサイ
アマドコロ
オダマキ
オリーブ
カタクリ
キツネアザミ
ミヤコワスレ
レンゲ

花図鑑

アイビー

アカツメクサ

アカバセンニチコウ

アキノキリンソウ

アジサイ

アマドコロ

イチゴ

ウスユキソウ

エリゲロン

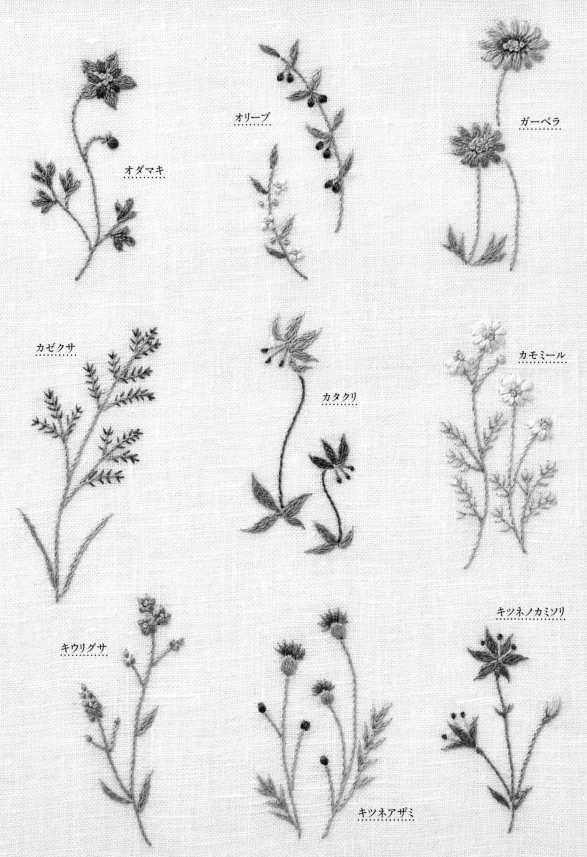

オリーブ

ガーベラ

オダマキ

カゼクサ

カタクリ

カモミール

キウリグサ

キツネノカミソリ

キツネアザミ

49

キンモクセイ

クレマチス

クロタネソウ

コケモモ

シバザクラ

スノードロップ

スミレ

タンポポ

チョウジソウ

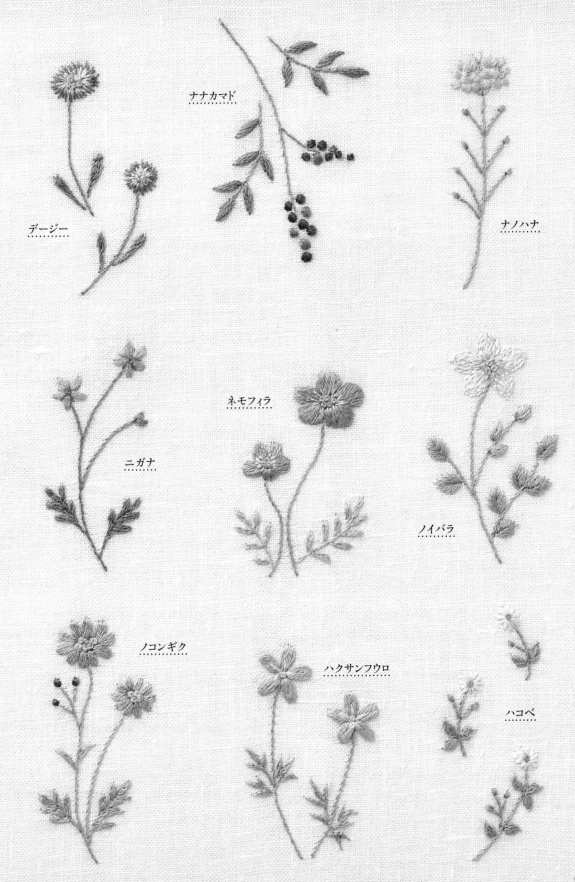

ナナカマド

デージー

ナノハナ

ネモフィラ

ニガナ

ノイバラ

ノコンギク

ハクサンフウロ

ハコベ

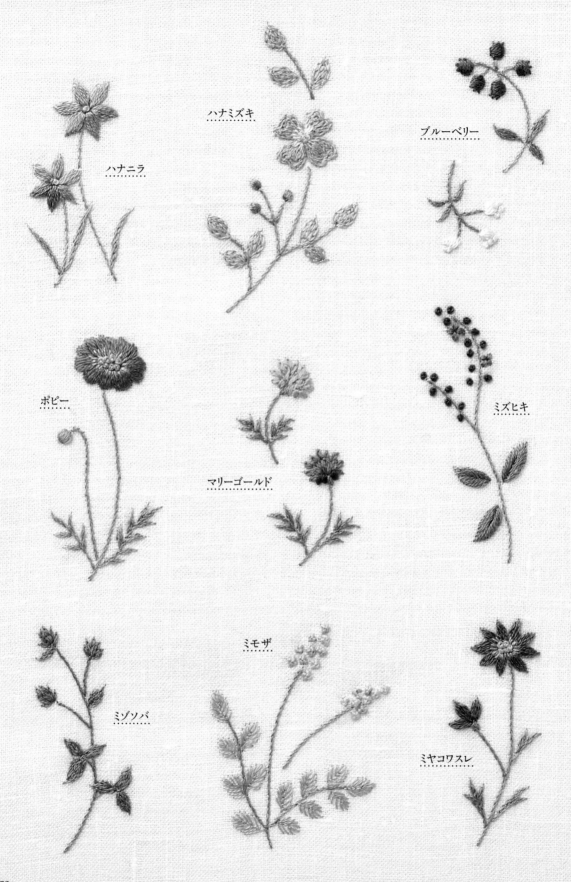

ハナミズキ

ブルーベリー

ハナニラ

ポピー

マリーゴールド

ミズヒキ

ミゾソバ

ミモザ

ミヤコワスレ

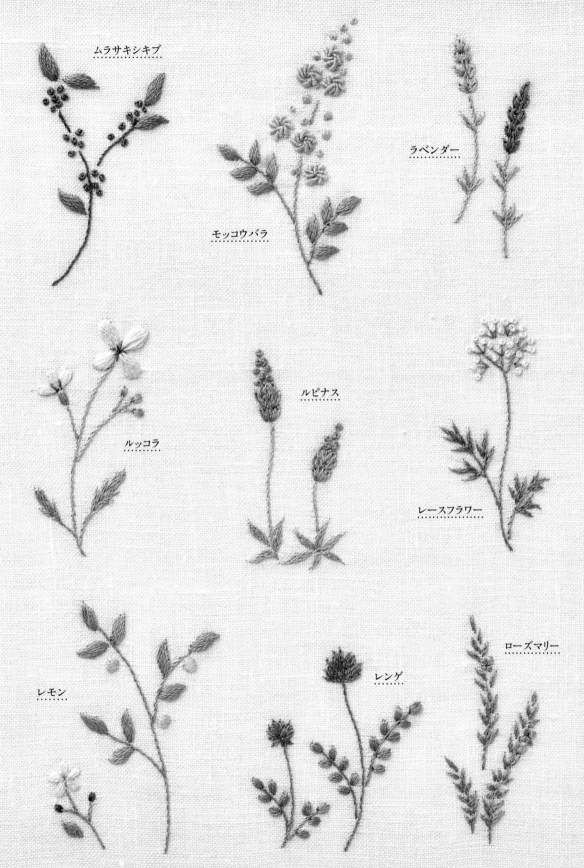

ムラサキシキブ

モッコウバラ

ラベンダー

ルッコラ

ルピナス

レースフラワー

レモン

レンゲ

ローズマリー

きれいなステッチのための基礎レッスン

作りたいイメージが決まったら、必要な材料と道具を用意しましょう。
知っておきたい下準備や、糸の扱い、図案の写し方など基本的な技法を紹介します。

⸜ 糸と布について ⸝

糸 本書ではオリムパス、コスモ、DMCの25番刺繍糸とウール糸を使用。右はタペストリーウール糸（DMC）で、ウールのブランケットなどふんわりした布に馴染みます。

布 本書では主に麻布を使用しています。薄すぎず目の粗すぎない布を選びましょう。写真の右端はウール。ざっくりした布目は避けて、目の詰まったものを選びます。

⸜ 布の下準備 ⸝

水通し
作品が洗濯などで縮まないように、水通しをします。布を水に浸して1〜数時間置き、半乾きでアイロンをかけます。

きれいに裁つには
布をまっすぐカットするにはコツがあります。縦糸を1〜2本抜いて、その跡をなぞるとまっすぐに裁つことができます。

ほつれ止め
刺繍をしていると布がほつれてくることがあります。あらかじめ、布の周囲をしつけ糸で巻きかがりしておくと安心です。

❴ 道具について ❵

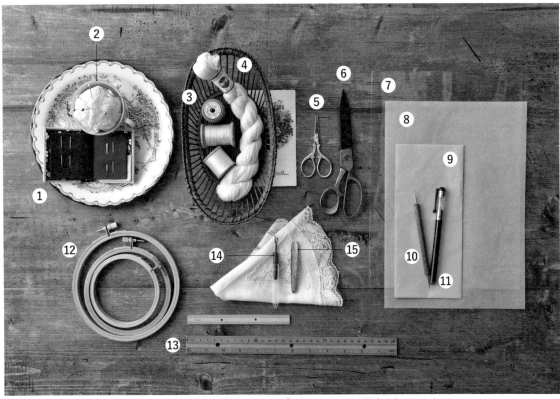

❶**刺繍針**：糸に合わせて太さを選びます。ページ下参照。
❷**まち針**：図案を写すときや仕立ての仮止めに使います。
❸**ミシン糸**：バッグなど土台を仕立てるときに使います。
❹**しつけ糸**：布のほつれ止めや仕立て用。
❺**糸切りばさみ**：糸を切るとき用の小さなはさみ。
❻**裁ちばさみ**：布を裁つとき用の大きなはさみ。
❼**セロファン**：写した図案をなぞるときに使います。
❽**トレーシングペーパー**：図案を写し取ります。

❾**チャコペーパー**：図案を転写します。
❿**トレーサー**：図案を写すときに使います。
⓫**チャコペン**：水で消えるペンとアイロンで消えるペンがあります。
⓬**刺繍枠**：図案の大きさに合わせてサイズを変えます。小さめが刺しやすいでしょう。
⓭**定規**：30cm程度のものと短いものがあると便利です。
⓮**リッパー**：間違えて刺繍したときに糸を切ります。
⓯**毛抜き**：リッパーやはさみで切った糸を引き抜きます。

針の選び方

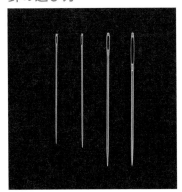

糸を何本取りで刺すかによって、針を使い分けます。左から1本、2〜3本、6本取り用。右端はウール用です。

枠の使い方

1 刺したい図案が枠の中心になるようにセットして、ネジを締めます。

2 写真のように布を引っ張って再びネジを締め、ピンとさせます。

図案の写し方

図案の写し方

1 図案の上にトレーシングペーパーを重ね、鉛筆でなぞります。

2 布にトレーシングペーパーを重ねて、まち針で固定します。

3 布とトレーシングペーパーの間にチャコペーパーを挟んで、いちばん上にセロファンをのせ、トレーサーで図案をなぞります。

ウール地に刺すときは

1 ウール地に刺すときは刺繍枠を使いません。トレーシングペーパーは柔らかいウールにフィットする和紙製がおすすめです。図案全体にしつけをかけて固定します。

2 しつけ糸は写真のように刺繍を刺しながらカットします。

印の省略

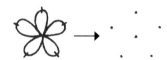

レゼーデージーステッチを点で

バリオンステッチを線で

フライステッチを線と点で

慣れてきたら図案の写し方を省略してもいいでしょう。ポイントになる点や線があれば大丈夫。印を消す手間が省けますし、印からずれることを気にしすぎないで刺すことができます。

図案を写すときのポイント

・筆圧チェック
図案を写す前に、布端などにチャコペーパーを当てて筆圧を確認しましょう。薄いと途中で消えてしまいますし、濃すぎると落ちにくくなります。

・途中で止めない
図案がずれないコツは一気になぞること。

・チャコペーパーを動かさない
これもズレ防止のため。何度も動かさなくてよい大きめのチャコペーパーを用意しましょう。

糸の扱い方

糸を取り出すときは

1 刺しやすい長さ（約50cm）の糸を引き出して切ります。長すぎると絡みやすくなります。

2 1本糸をより分けます。

3 より分けた糸を引き出します。必要な本数分これを繰り返して、最後に束ねます。

針へ糸を通すコツ

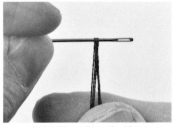

1 糸端を折って針に引っ掛けます。

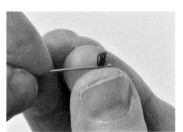

2 折り曲げた部分をぎゅっとつまんで針から外し、穴に通します。

糸の本数と太さについて

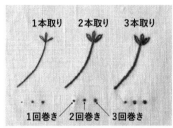

1本取り　2本取り　3本取り

1回巻き　2回巻き　3回巻き

刺繍糸は、何本使うかで印象が大きく変わります。また、写真下のフレンチノットステッチのように、何回巻くかでも表情が変わってきます。

刺し始め

1 図案から少し離れたところで布の表から針を入れ、刺したい場所へ出します。

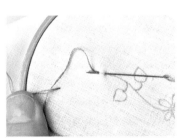

2 1の糸を巻き込まないように刺し進めます。刺し終わったら裏に引き込んで始末します。

仕上げ

アイロンのかけ方

1 表から霧吹きで湿らせます。

刺し終わり

1 刺し終わった糸は裏に出し、裏糸を割るように針をくぐらせます。

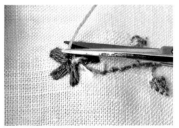

2 糸を根元でカットします。玉止めはしません。

2 当て布をして裏からアイロンをかけます。

もっときれいなステッチのための応用レッスン

ボタニカル刺繍に欠かせないアウトラインステッチとサテンステッチを
ワンランク美しく仕上げるためのコツを紹介します。基本的な刺し方はp62を参照ください。

❦ アウトラインステッチ ❧

1 太さを変える
印のライン上を刺すか、ラインをまたぐように刺すかで太さを調整することができます。

細く刺す

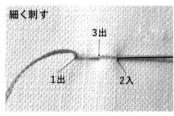

1 印のライン上に糸を出し、ライン上で針を出し入れします。

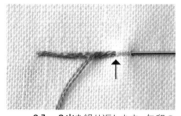

2 2入〜3出を繰り返します。矢印のように糸を出した穴から、次の針を出すと美しい仕上がりに。

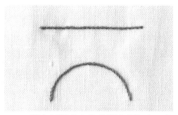

3 茎など滑らかな曲線を刺したいときに向いた刺し方です。急なカーブは針目を細かく。

太く刺す

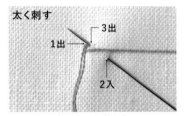

1 印の少し上から糸を出し、ラインをまたぐように針を出し入れします。

2 2入〜3出を繰り返します。斜めの角度をつけるほど太い線に。

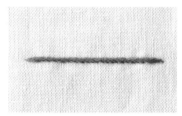

3 太い曲線を刺したいときや葉の面を埋めたいときに向いた刺し方です。

2 刺し始めの太さを変える
尖った葉の先端は細く、太い茎の根元は太く。刺し始めの糸の本数で印象が変わります。

細く始める

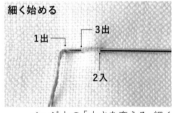

1 ページ上の「太さを変える_細く刺す」と同様に刺します。1出と3出が離れていることが大事。

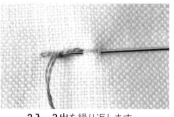

2 2入〜3出を繰り返します。

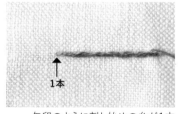

3 矢印のように刺し始めの糸が1本だとスッとした仕上がりに。蔓の先などに向いています。

太く始める

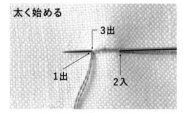

1 ページ上の「太さを変える_細く刺す」と同様ですが、1出と同じ穴から針を出すのがポイント。

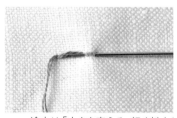

2 途中は「太さを変える_細く刺す」と同様に刺します。

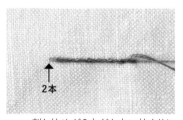

3 刺し始めが2本だと太い始まりになります。カットした茎や隙間なく面を埋めたいときに。

3 左から右へ刺す
常に左から右へ刺し進めます。折り返し地点にきたら布を回します。

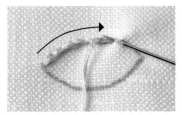

1 葉の端から端まで、左から右に刺し進めているところ。

2 端まで刺したら布を回転させます。葉の先端から針を出すときれい。

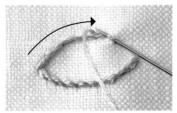

3 再び左から右で刺し進めます。

4 糸は左へそっと引く
糸を引くときは常に左へ。強からず弱からずそっと引きましょう。

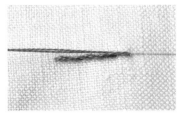

右手で刺しているとつい右へ引きたくなりますが、常に左へ。引く方向を揃えることでさらに美しく。

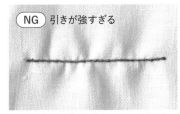

NG 引きが強すぎる

引きが強いと布が引きつって、皺になってしまいます。

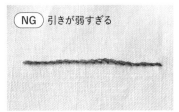

NG 引きが弱すぎる

引きが弱いとステッチに隙間ができて、針目が乱れがちに。

5 糸は下へ垂らす
刺している間、糸は常に同じ方向へ垂らします。下に垂らせば糸の重なりが自然に揃います。

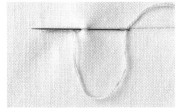

1 自然に糸を垂らした状態。このたるみが上にならないように。

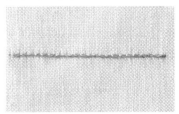

2 針目が揃った美しい仕上がり。

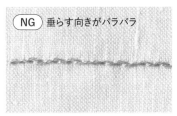

NG 垂らす向きがバラバラ

糸のたるみが上にいったり下にいったりすると糸の重なりが揃わず、ガタガタした線になってしまいます。

6 糸変えはゆるませて
途中で糸が足りなくなったときの新しい糸の足し方。見やすいように違う色の糸を使用しています。

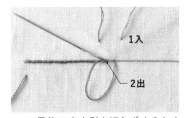

1入
2出

1 最後の糸を引き切らずゆるませて、新しい糸をライン上に出します。元の糸も新しい糸も端は少し離れたところに出しておきましょう。

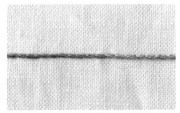

2 ゆるませた糸を引くと継ぎ目が分からない、なめらかな仕上がりになります。

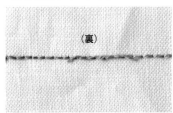

（裏）

3 余った糸は裏に出し、裏糸に絡ませてカットします。

サテンステッチ

1 中心から刺す
中心→左半分→右半分の順にバランスを見ながら刺しましょう。左右はどちらが先でも構いません。

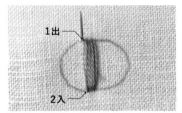

1 中心から左へ刺しているところ。隙間が空かないように糸を出した穴のすぐ隣に針を出します。

（裏）

2 左端まで刺したら、針を裏糸をくぐらせて中心へ移動させます。

3 右半分を刺して完成です。

刺し始めのポイント

刺し始めの糸は中心を少し縫って余分はカット。ステッチの中に隠してしまいます。

2 糸のよれを直す
糸のよじれを小まめに直して滑らかな表面に。

針を布の近くまで下ろし、髪を梳かすように糸を整えます。

3 あたりをつける
刺す前のひと手間で隙間やステッチの乱れを防げます。

針を刺す前に、糸を手で持って刺したい位置に当ててみましょう。糸の幅や流れが確認できます。

4 糸は適度に引く
糸の引き加減を統一すると、表面の凸凹がなくなり滑らかになります。

NG 強い　　適度　　NG 弱い

強すぎると布が引きつり、針穴が大きく開いてしまいます。弱すぎると糸が浮いてステッチが乱れます。

5 垂直に刺す
針と布の角度も意識します。

針を、布と垂直に出し入れするよう心がけると、正確な場所から糸を出すことができます。

6 丸みは針の角度でつける
糸は布に入る部分が細く真ん中は膨らむので、膨らみを利用して丸みを出すことができます。

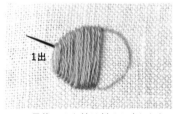

1出

1 最後のひと針は斜めに出します。

2入

2 入れるときも斜めに。中心の膨らみを意識して。

3 もう1本短いステッチを入れるより、きれいな丸みが出ます。

アウトラインステッチで刺す美しい葉

シンプルな葉

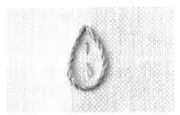

1 刺し始めは小さく縫い（p60「刺し始めのポイント」参照）、周囲を刺します。

2 ぐるぐると中心に向かって刺します。面は太いアウトラインステッチで（p58参照）。

3 隙間が残ったら、ひと針ストレートステッチを刺して埋めましょう。

複雑な葉

茎を先に刺し、葉は糸が行きつ戻りつしないよう左右の葉を続けて刺します。

尖った葉

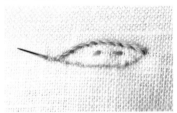

1 左から右へ刺して布を回転させたら（p59参照）、針を最先端に出します。

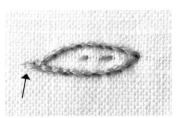

2 矢印の糸が1本であることがポイントです。

サテンステッチで刺す美しい葉

丸い葉／実

丸は身近なものを使って正円を描きましょう。両端は糸の膨らみを利用して刺します（p60参照）。小さな丸はほんの数本ほぼ同じ長さのステッチを刺して。

まっすぐに刺す葉／花びら

縦か横かで印象が変わります。扇状に刺す場合は、全てを同じ穴に入れないようにしましょう。

斜めに刺す葉

斜めに刺すと（左）シャープな印象に。中心線に向かって刺すと、葉脈のようなリアルさが表現できます。

ギザギザの葉

短いステッチと長いステッチを交互に刺すことで、ギザギザした手触りを感じる仕上がりに。

細い葉

両脇は糸の膨らみを利用して（p60参照）、すっとした形を作ります。

ステッチの種類と刺し方

本書で使用した12種類のステッチと特徴をまとめました。多用するアウトラインステッチとサテンステッチは、p58〜でさらに詳しい刺し方を紹介しています。

は、p58〜でさらに詳しい刺し方を紹介しています。

ストレートステッチ ひと針で刺せるステッチ。まっすぐな線を描くときに使う

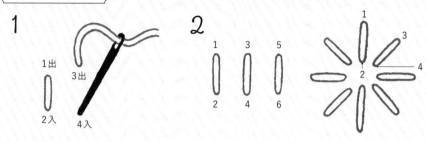

アウトラインステッチ 曲線を描く茎を刺すのに向いている。輪郭線などを表現

3　4、5を繰り返す

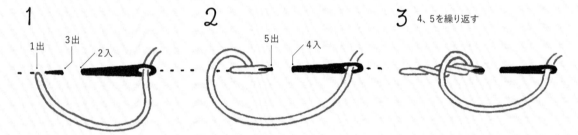

アウトラインステッチ（太） 太い茎や葉などの面を埋めるときは太めで

1　2と3の高さを変えるほど、太いステッチになる（4と5も同様）

2

3　4、5を繰り返す

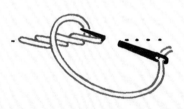

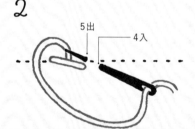

サテンステッチ 糸を平行に渡して面を埋める。表面が滑らかに仕上がる

1　図案の中心から刺すと、形がとりやすい

2

3　3、4を繰り返し、端まで刺したら裏糸の中を通して残りの半分も刺す

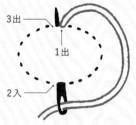

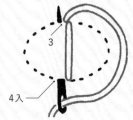

フレンチノットステッチ 結び目を作るステッチ。花芯や実などの粒を表現できる ＊本書では2回巻きが基本

1 糸を巻く回数で大きさが変わる

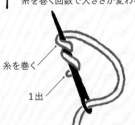

糸を巻く

1出

2 糸を引き締めてから引き抜く

2入
1

3

レゼーデージーステッチ 小さく丸みのある形で、花びらの輪郭や葉などを描くときに

1

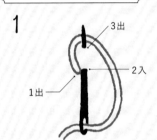

3出
1出
2入

2

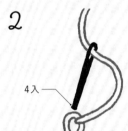

4入

3

ツイステッドレゼーデージーステッチ レゼーデージーステッチの根元を交差させる。密集した花びらなどを表現

1

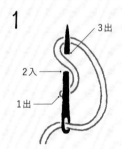

3出
2入
1出

2

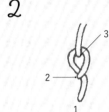

3
2
1

3

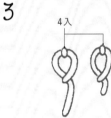

4入

チェーンステッチ 鎖のような形で線を表現。面を埋めることもできる

1

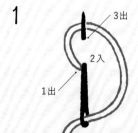

3出
2入
1出

2

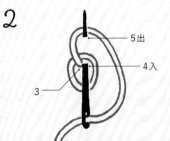

5出
4入
3

3

フライステッチ　Yの字のようなステッチ。繰り返していくと1本のラインに

1
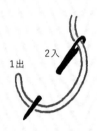
1出
2入

2
1　3出　2
4入
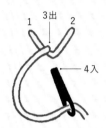

3　3〜4の長さでアレンジする

ストレートステッチ➕フライステッチ

フライステッチの応用。始めにストレートステッチを刺し、葉の先端にする

ストレートS
フライS
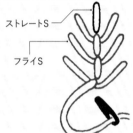

バックステッチ

均等な間隔の針目で茎を刺す。シンプルなラインになる

1
3出　2入
1出

2　2、3を繰り返す
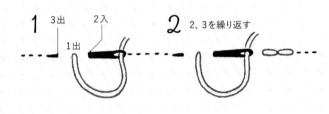

バリオンステッチ　ぷっくりした立体感がある。数本並べて、ひとつの花にしても

1
3出
1出
2入
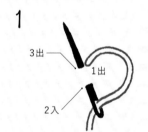

2　糸を巻いて根元に寄せ、針を引き抜く
3
1
2
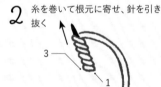

3　巻いた糸を手前に倒して整え、2の隣に刺す
3
2
4入
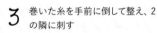
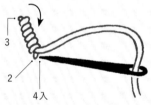

ジャーマンノットステッチ

大きな結び目ができます。花の中心や蕾などボリュームが欲しいときに

1
2入
1出
3出
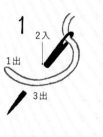

2
1　2
3

3
4入
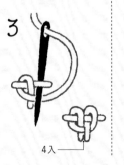

ケーブルステッチ

ジャーマンノットステッチを繋げた太いステッチ。飾り模様に

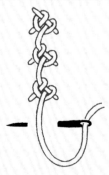

How to make
実物大図案と作り方

図案と作り方では糸と配置を指定しています。寸法などは目安です。
手持ちの服や小物と合わせて、糸やレイアウトを気軽にアレンジして楽しんで。
図案は多少拡大縮小しても問題ありません。

p66 …… 実物大図案

p96 …… 作品の作り方

図案の表記について

寸法の単位はすべて㎝。糸の見方は下記の通りです。

❶ステッチ名
＊Sはステッチの略

❷メーカー名／
　糸番号（糸の本数）
C＝コスモ
D＝DMC
O＝オリムパス
＊DMCのウール糸以外は25番刺繍
糸を使用
＊（　）内は糸の本数

❸フレンチノットSのみ
針に糸を巻く回数
＊指定以外は2回巻き

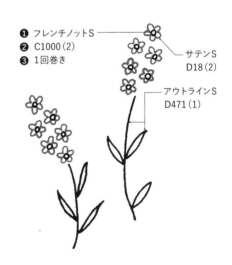

❶ フレンチノットS
❷ C1000（2）
❸ 1回巻き

サテンS
D18（2）

アウトラインS
D471（1）

時計（大） ➤p3　作り方➤p96

*数字は先にアウトラインSを刺して芯とし、その上にサテンSを刺す
*小はp96参照

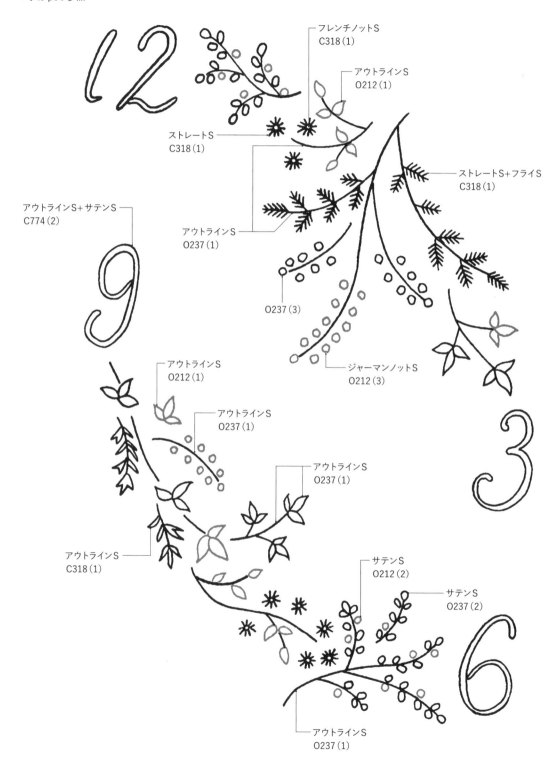

フレンチノットS
C318(1)

アウトラインS
O212(1)

ストレートS
C318(1)

ストレートS+フライS
C318(1)

アウトラインS+サテンS
C774(2)

アウトラインS
O237(1)

O237(3)

ジャーマンノットS
O212(3)

アウトラインS
O212(1)

アウトラインS
O237(1)

アウトラインS
O237(1)

アウトラインS
C318(1)

サテンS
O212(2)

サテンS
O237(2)

アウトラインS
O237(1)

キャニスターラベル ➤p10　作り方➤p97

*英字と茎はすべてアウトラインS
D3807
中心の★〜★間は2本取りで刺す

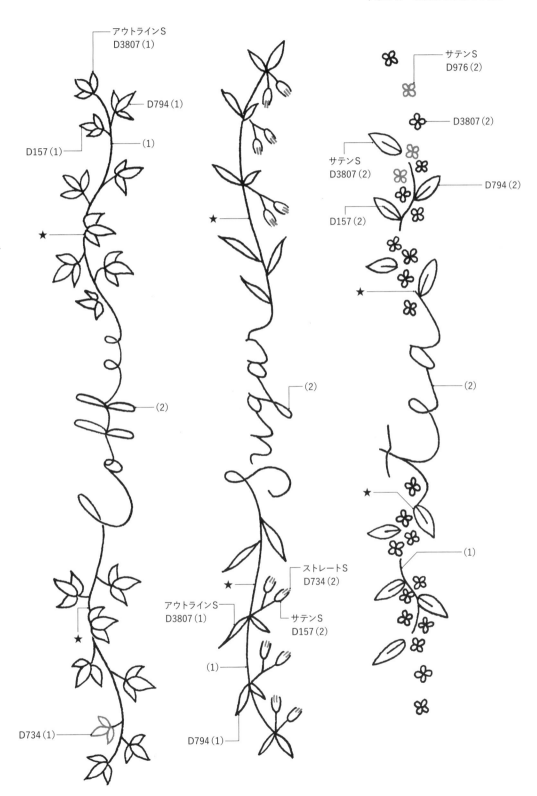

アウトラインS
D3807(1)

D794(1)

(1)

D157(1)

★

(2)

★

D734(1)

★

★

アウトラインS
D3807(1)

(1)

D794(1)

(2)

ストレートS
D734(2)

サテンS
D157(2)

サテンS
D976(2)

D3807(2)

サテンS
D3807(2)

D794(2)

D157(2)

★

(2)

★

(1)

ジャム瓶カバー ➤p11 作り方 ➤p97

＊ブルーベリーの花と実は下地にサテンSを刺して芯とし、その上に向きを変えてサテンSを刺す

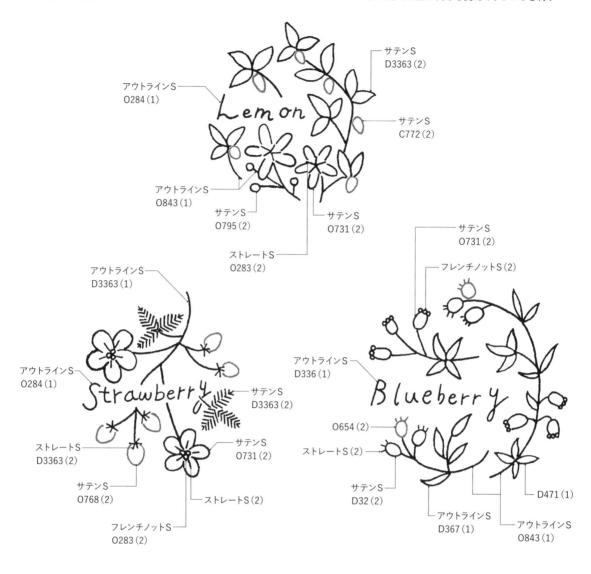

アウトラインS
O284（1）

サテンS
D3363（2）

サテンS
C772（2）

アウトラインS
O843（1）

サテンS
O795（2）

サテンS
O731（2）

ストレートS
O283（2）

サテンS
O731（2）

フレンチノットS（2）

アウトラインS
D3363（1）

アウトラインS
O284（1）

サテンS
D3363（2）

ストレートS
D3363（2）

サテンS
O768（2）

サテンS
O731（2）

ストレートS（2）

フレンチノットS
O283（2）

アウトラインS
D336（1）

O654（2）

ストレートS（2）

サテンS
D32（2）

アウトラインS
D367（1）

アウトラインS
O843（1）

D471（1）

ポットマット ➤p14 作り方 ➤p99

ストレートS
D ECRU（1）

サテンS
D160（2）

アウトラインS
D502（1）

レゼーデージーS
D161（2）

フレンチノットS
D161（2）

フレンチノットS
D502（2）

サテンS（2）

サテンS（1）

アウトラインS
D522（1）

アウトラインS
D522（1）

ティーコージー ➤p14 作り方➤p99

*茎と葉はすべてアウトラインS

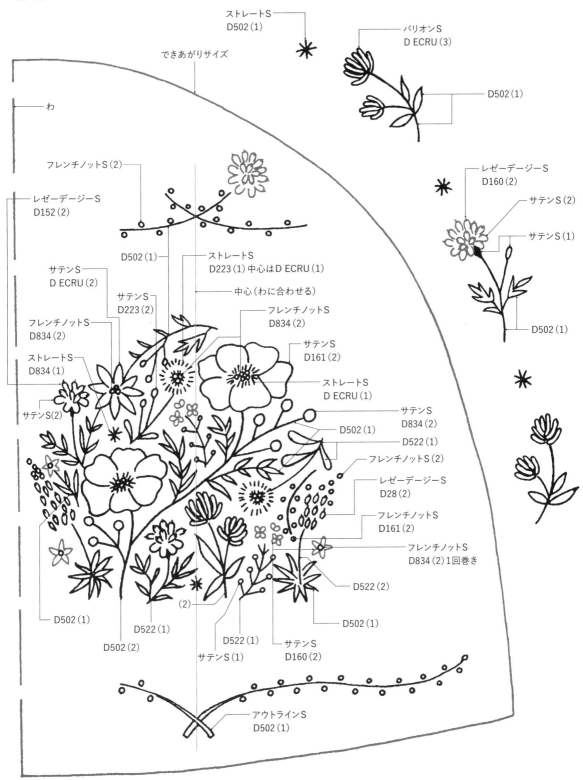

ストレートS
D502(1)

バリオンS
D ECRU(3)

D502(1)

できあがりサイズ

わ

レゼーデージーS
D160(2)

サテンS(2)

サテンS(1)

D502(1)

フレンチノットS(2)

レゼーデージーS
D152(2)

D502(1)

ストレートS
D223(1)中心はD ECRU(1)

サテンS
D ECRU(2)

中心(わに合わせる)

サテンS
D223(2)

フレンチノットS
D834(2)

フレンチノットS
D834(2)

サテンS
D161(2)

ストレートS
D834(1)

ストレートS
D ECRU(1)

サテンS(2)

サテンS
D834(2)

D502(1)

D522(1)

フレンチノットS(2)

レゼーデージーS
D28(2)

フレンチノットS
D161(2)

フレンチノットS
D834(2)1回巻き

D522(2)

D502(1)

D502(1)

(2)

D502(2)

D522(1)

D522(1)

サテンS(1)

サテンS
D160(2)

アウトラインS
D502(1)

ランチョンマットとコースター ➤p12 作り方➤p98

*p13はランチョンマットBをD161（青）とD822（白）で刺す
*ランチョンマットAとコースターAはセット。Bも同様

ランチョンマット A 手前

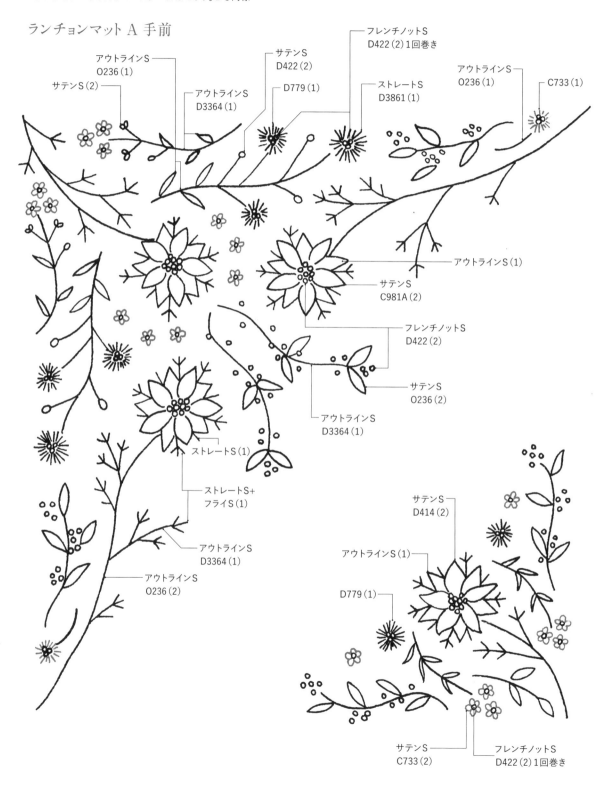

アウトラインS
O236（1）

サテンS（2）

アウトラインS
D3364（1）

サテンS
D422（2）

D779（1）

フレンチノットS
D422（2）1回巻き

ストレートS
D3861（1）

アウトラインS
O236（1）

C733（1）

アウトラインS（1）

サテンS
C981A（2）

フレンチノットS
D422（2）

サテンS
O236（2）

アウトラインS
D3364（1）

ストレートS（1）

ストレートS+
フライS（1）

アウトラインS
D3364（1）

アウトラインS
O236（2）

サテンS
D414（2）

アウトラインS（1）

D779（1）

サテンS
C733（2）

フレンチノットS
D422（2）1回巻き

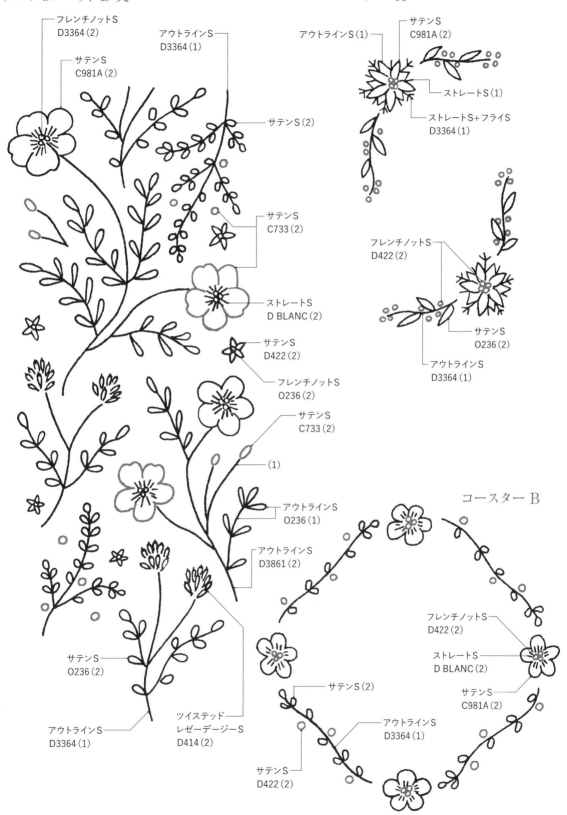

ランチョンマット B 奥

フレンチノットS
D3364(2)

サテンS
C981A(2)

アウトラインS
D3364(1)

サテンS(2)

サテンS
C733(2)

ストレートS
D BLANC(2)

サテンS
D422(2)

フレンチノットS
O236(2)

サテンS
C733(2)

(1)

アウトラインS
O236(1)

アウトラインS
D3861(2)

サテンS
O236(2)

アウトラインS
D3364(1)

ツイステッド
レゼーデージーS
D414(2)

コースター A

アウトラインS(1)

サテンS
C981A(2)

ストレートS(1)

ストレートS+フライS
D3364(1)

フレンチノットS
D422(2)

サテンS
O236(2)

アウトラインS
D3364(1)

コースター B

フレンチノットS
D422(2)

ストレートS
D BLANC(2)

サテンS
C981A(2)

サテンS(2)

アウトラインS
D3364(1)

サテンS
D422(2)

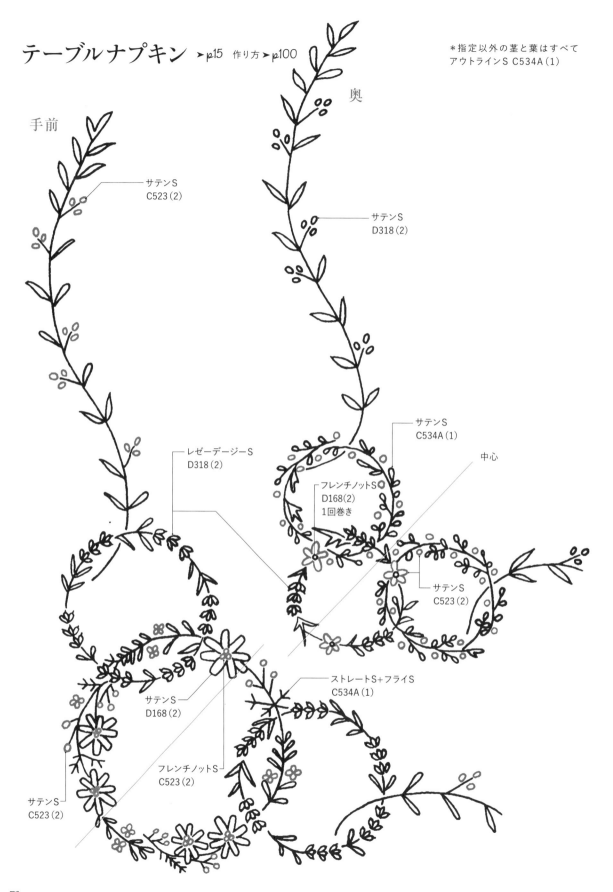

テーブルナプキン ➤p15 作り方➤p100

＊指定以外の茎と葉はすべて
アウトラインS C534A（1）

奥

手前

サテンS
C523（2）

サテンS
D318（2）

レゼーデージーS
D318（2）

サテンS
C534A（1）

中心

フレンチノットS
D168（2）
1回巻き

サテンS
C523（2）

ストレートS＋フライS
C534A（1）

サテンS
D168（2）

フレンチノットS
C523（2）

サテンS
C523（2）

ディッシュクロス ▶p16　作り方▶p100

＊左の指定以外の茎と葉はアウトラインS O312（1）
＊右の指定以外の茎と葉はアウトラインS D931（1）
＊p17はC2317（緑）とC771（黄）、その他は赤字参照

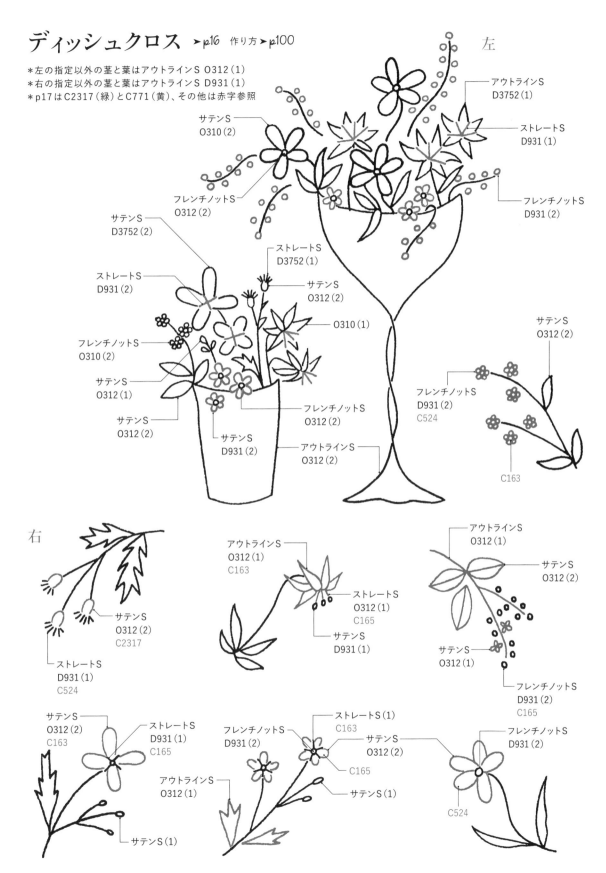

左

アウトラインS
D3752（1）

ストレートS
D931（1）

フレンチノットS
D931（2）

サテンS
O310（2）

フレンチノットS
O312（2）

サテンS
D3752（2）

ストレートS
D3752（1）

サテンS
O312（2）

ストレートS
D931（2）

O310（1）

フレンチノットS
O310（2）

サテンS
O312（1）

サテンS
O312（2）

サテンS
D931（2）

フレンチノットS
O312（2）

アウトラインS
O312（2）

サテンS
O312（2）

フレンチノットS
D931（2）
C524

C163

右

サテンS
O312（2）
C2317

ストレートS
D931（1）
C524

アウトラインS
O312（1）
C163

ストレートS
O312（1）
C165

サテンS
D931（1）

アウトラインS
O312（1）

サテンS
O312（2）

サテンS
O312（1）

フレンチノットS
D931（2）
C165

サテンS
O312（2）
C163

ストレートS
D931（1）
C165

アウトラインS
O312（1）

サテンS（1）

フレンチノットS
D931（2）

ストレートS（1）
C163

サテンS
O312（2）
C165

サテンS（1）

フレンチノットS
D931（2）

C524

ソーイングボックス ➤p23　作り方➤p102

➤p23　作り方➤p102

＊茎はすべてアウトラインS
＊p74とp75の中心を合わせる

ストレートS
D3862（2）

サテンS
O562（2）

アウトラインS
C574（1）

ストレートS
C773（1）

フレンチノットS
D370（2）
1回巻き

サテンS
C574（2）

サテンS
O562／C771
／C773（2）を
ランダムに刺す

中心

サテンS
C924（2）

アウトラインS
D ECRU（1）

アウトラインS
C774（2）

D3011（1）

チェーンS
C773（1）

アウトラインS
D ECRU（1）

サテンS
C773（1）

ストレートS

アウトラインS

アウトラインS
O723（1）

チェーンS
D435（1）

アウトラインS
D435（1）

サテンS　D435（1）

D370（2）

サテンS
D676（2）

フレンチノットS
D370（2）

サテンS
C574（2）

ストレートS
D435（1）

ストレートS＋
フライS＋
アウトラインS
C924（1）

D370（1）

チェーンS
D ECRU（1）

D370（2）

O562（2）

C574（2）

フレンチノットS
C773（2）

C771（2）

サテンS
C771（2）

アウトラインS
D676（1）

チェーンS
C574（1）

アウトラインS
D3862（1）

D3011（1）

フレンチノットS
C771（2）

ストレートS
D370（2）

Sewi

Bc

74

サテンS
D3862（1）

アウトラインS
D370（1）

アウトラインS
D435（1）

アウトラインS
D676（1）

フレンチノットS
D ECRU（2）

中心

ストレートS
D ECRU（1）

サテンS
D3862（2）

D ECRU（1）

O723（2）

アウトラインS
C924（1）

アウトラインS
D370（2）

C771（2）

C771（1）

wing

Box

サテンS
C574（2）

フレンチノットS
C773（2）
1回巻き

O562（2）

フレンチノットS
D370（2）

D370（2）

D676（1）

アウトラインS
C773（1）

D370（2）

ストレートS
D ECRU（2）

C574（1）

C773（2）

D3011（1）

サテンS
D435（1）

サテンS（1）

アウトラインS
D ECRU（1）

C771（1）

アウトラインS
C924（1）

チェーンS
C924（1）

75

ピンクッションとシザーキーパー ➤p22　作り方➤p101,102

ピンクッション右

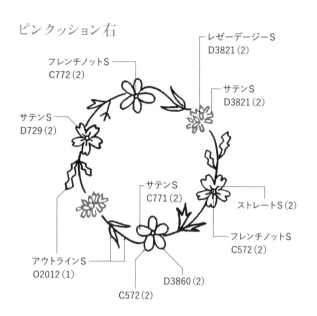

レゼーデージーS
D3821（2）

フレンチノットS
C772（2）

サテンS
D3821（2）

サテンS
D729（2）

サテンS
C771（2）

ストレートS（2）

フレンチノットS
C572（2）

アウトラインS
O2012（1）

C572（2）

D3860（2）

シザーキーパー

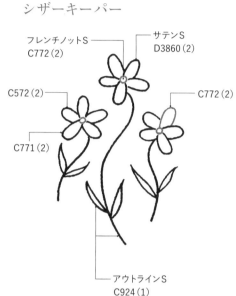

フレンチノットS
C772（2）

サテンS
D3860（2）

C572（2）

C772（2）

C771（2）

アウトラインS
C924（1）

ピンクッション中

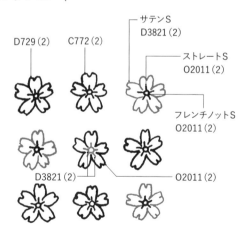

D729（2）

C772（2）

サテンS
D3821（2）

ストレートS
O2011（2）

フレンチノットS
O2011（2）

D3821（2）

O2011（2）

ピンクッション左

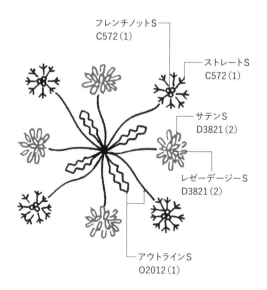

フレンチノットS
C572（1）

ストレートS
C572（1）

サテンS
D3821（2）

レゼーデージーS
D3821（2）

アウトラインS
O2012（1）

メッセージカード ➤p24　作り方➤p103

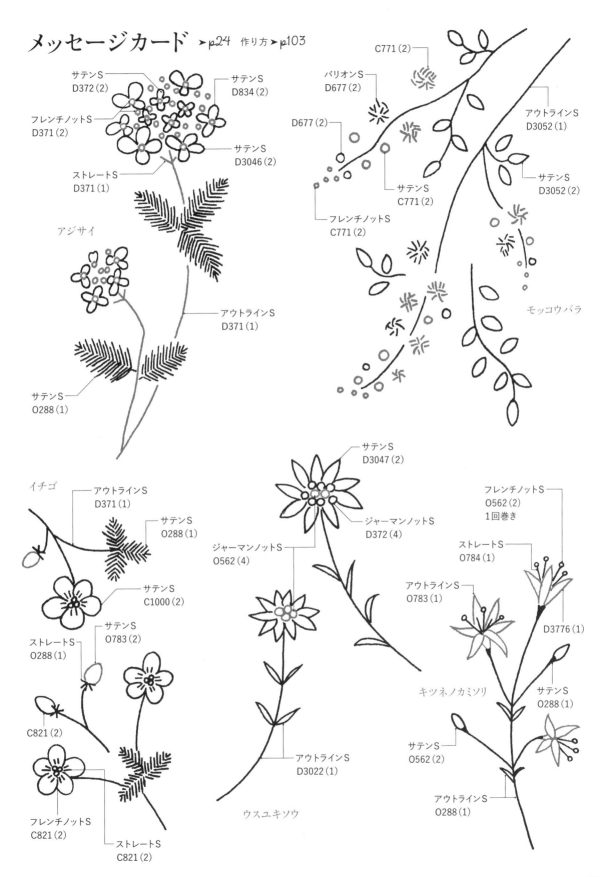

サテンS
D372(2)

サテンS
D834(2)

フレンチノットS
D371(2)

サテンS
D3046(2)

ストレートS
D371(1)

アジサイ

アウトラインS
D371(1)

サテンS
O288(1)

C771(2)

バリオンS
D677(2)

D677(2)

アウトラインS
D3052(1)

サテンS
D3052(2)

サテンS
C771(2)

フレンチノットS
C771(2)

モッコウバラ

イチゴ

アウトラインS
D371(1)

サテンS
O288(1)

サテンS
C1000(2)

サテンS
O783(2)

ストレートS
O288(1)

C821(2)

フレンチノットS
C821(2)

ストレートS
C821(2)

サテンS
D3047(2)

ジャーマンノットS
D372(4)

ジャーマンノットS
O562(4)

アウトラインS
D3022(1)

ウスユキソウ

フレンチノットS
O562(2)
1回巻き

ストレートS
O784(1)

アウトラインS
O783(1)

D3776(1)

キツネノカミソリ

サテンS
O288(1)

サテンS
O562(2)

アウトラインS
O288(1)

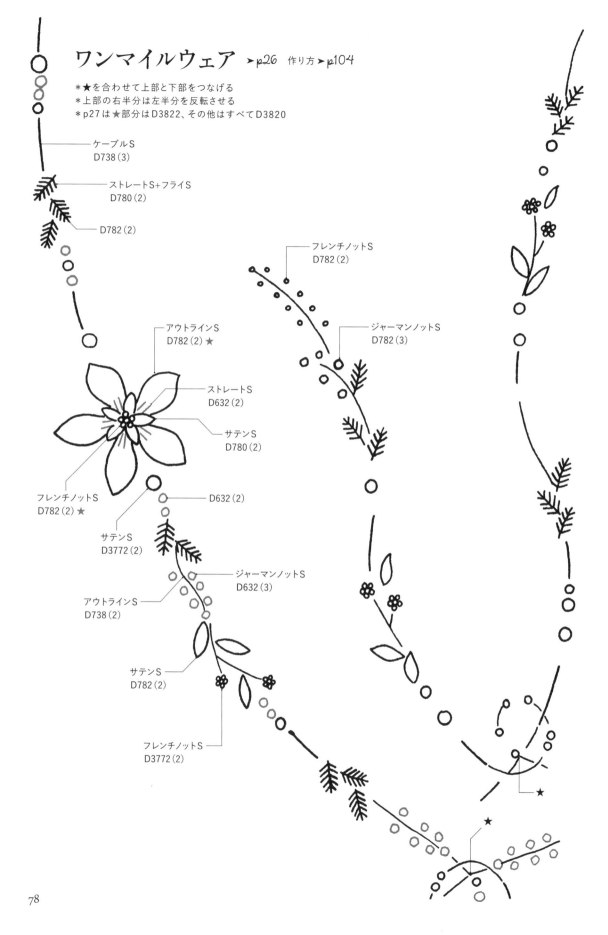

ワンマイルウェア ➤p26 作り方➤p104

*★を合わせて上部と下部をつなげる
*上部の右半分は左半分を反転させる
*p27は★部分はD3822、その他はすべてD3820

ケーブルS
D738（3）

ストレートS＋フライS
D780（2）

D782（2）

フレンチノットS
D782（2）

ジャーマンノットS
D782（3）

アウトラインS
D782（2）★

ストレートS
D632（2）

サテンS
D780（2）

フレンチノットS
D782（2）★

D632（2）

サテンS
D3772（2）

ジャーマンノットS
D632（3）

アウトラインS
D738（2）

サテンS
D782（2）

フレンチノットS
D3772（2）

マスクとマスクケース ▶p28 作り方▶p105

マスク奥

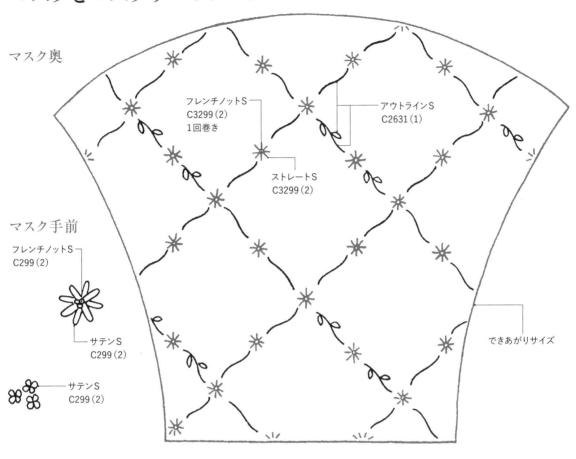

フレンチノットS
C3299(2)
1回巻き

アウトラインS
C2631(1)

ストレートS
C3299(2)

マスク手前

フレンチノットS
C299(2)

サテンS
C299(2)

サテンS
C299(2)

できあがりサイズ

マスクケース

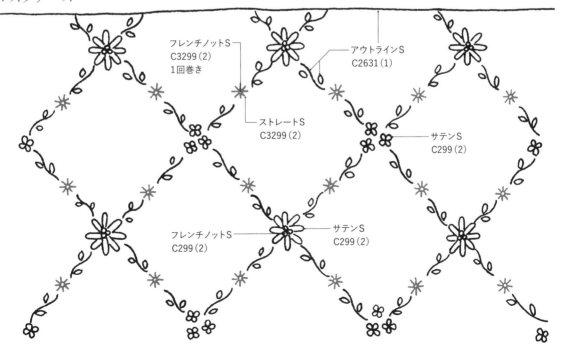

フレンチノットS
C3299(2)
1回巻き

アウトラインS
C2631(1)

ストレートS
C3299(2)

サテンS
C299(2)

フレンチノットS
C299(2)

サテンS
C299(2)

トートバッグ ➤p29　作り方➤p104

*すべてC301

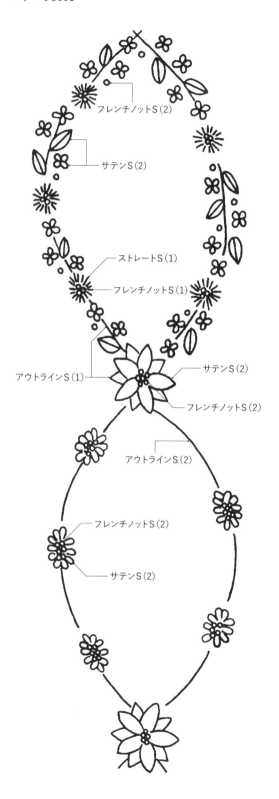

フレンチノットS（2）

サテンS（2）

ストレートS（1）

フレンチノットS（1）

アウトラインS（1）

サテンS（2）

フレンチノットS（2）

アウトラインS（2）

フレンチノットS（2）

サテンS（2）

タペストリー ➤p30　作り方➤p103

*A・B・C共通図案の糸はA／B／Cの順に記載
（A〜Cの配置はp103参照）

A・B・C 共通

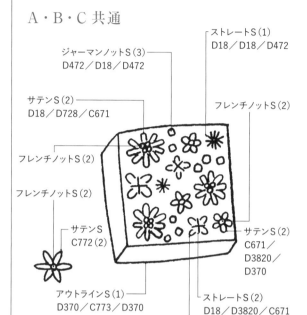

ジャーマンノットS（3）
D472／D18／D472

ストレートS（1）
D18／D18／D472

サテンS（2）
D18／D728／C671

フレンチノットS（2）

フレンチノットS（2）

フレンチノットS（2）

サテンS
C772（2）

サテンS（2）
C671／
D3820／
D370

アウトラインS（1）
D370／C773／D370

ストレートS（2）
D18／D3820／C671

サテンS（2）
D472／D18／D18

フレンチノットS（2）

サテンS
D834（2）

アウトラインS
O289（1）

アウトラインS
D3740（1）

アウトラインS
D370（1）

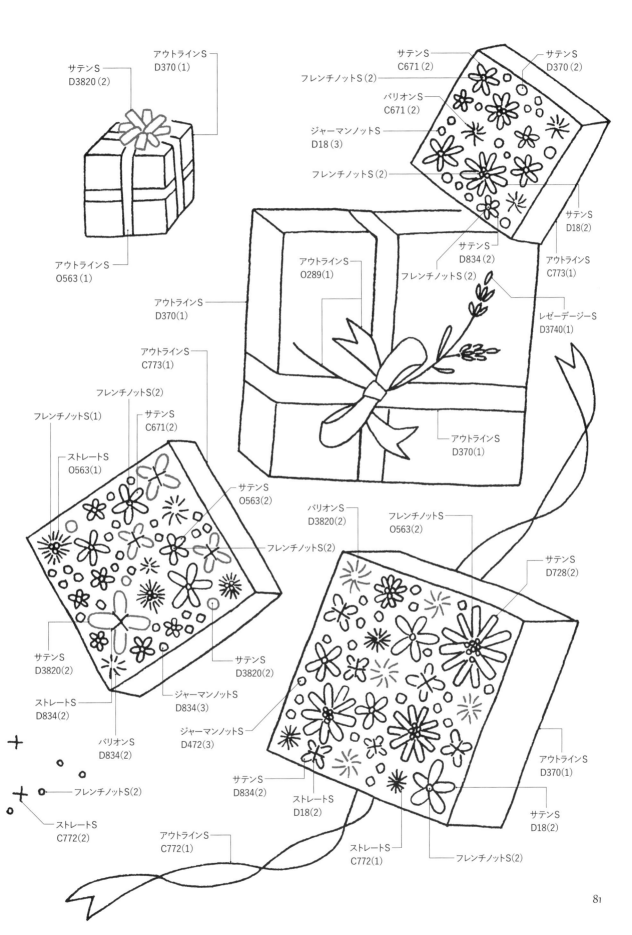

サテンS
D3820(2)

アウトラインS
D370(1)

サテンS
C671(2)

サテンS
D370(2)

フレンチノットS(2)

バリオンS
C671(2)

ジャーマンノットS
D18(3)

フレンチノットS(2)

サテンS
D18(2)

アウトラインS
O563(1)

アウトラインS
D370(1)

アウトラインS
O289(1)

サテンS
D834(2)

フレンチノットS(2)

アウトラインS
C773(1)

アウトラインS
C773(1)

レゼーデージーS
D3740(1)

フレンチノットS(2)

フレンチノットS(1)

サテンS
C671(2)

サテンS
O563(2)

ストレートS
O563(1)

フレンチノットS(2)

バリオンS
D3820(2)

フレンチノットS
O563(2)

サテンS
D728(2)

サテンS
D3820(2)

サテンS
D3820(2)

ストレートS
D834(2)

ジャーマンノットS
D834(3)

バリオンS
D834(2)

ジャーマンノットS
D472(3)

サテンS
D834(2)

ストレートS
D18(2)

アウトラインS
D370(1)

フレンチノットS(2)

ストレートS
C772(2)

アウトラインS
C772(1)

ストレートS
C772(1)

フレンチノットS(2)

サテンS
D18(2)

81

アートフレーム

➤p33　作り方➤p106

*小の指定以外の茎と葉は
すべてアウトラインSでC684
*中はすべてC1000

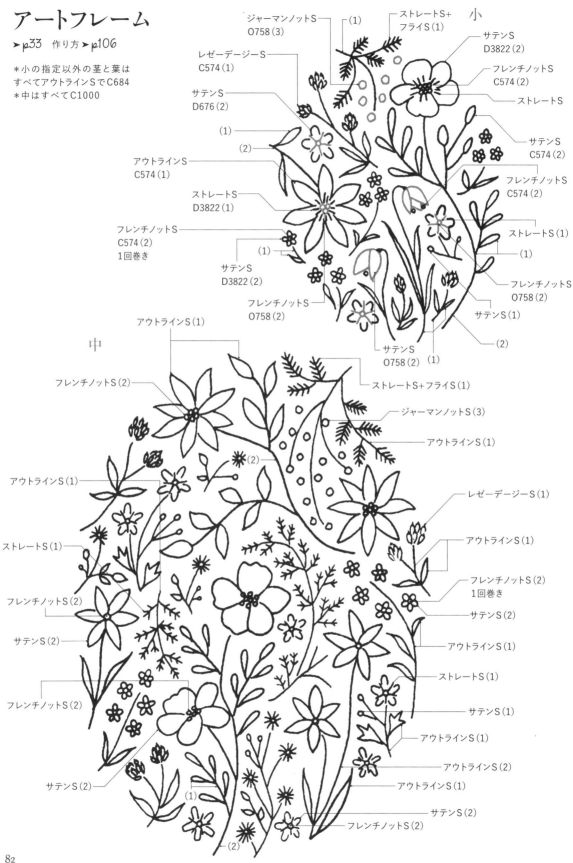

ジャーマンノットS
O758(3)

レゼーデージーS
C574(1)

サテンS
D676(2)

(1)

(2)

アウトラインS
C574(1)

ストレートS
D3822(1)

フレンチノットS
C574(2)
1回巻き

(1)

サテンS
D3822(2)

フレンチノットS
O758(2)

サテンS
O758(2)

(1)

ストレートS+
フライS(1)

小

サテンS
D3822(2)

フレンチノットS
C574(2)

ストレートS

サテンS
C574(2)

フレンチノットS
C574(2)

ストレートS(1)

(1)

フレンチノットS
O758(2)

サテンS(1)

(2)

(1)

中

アウトラインS(1)

フレンチノットS(2)

(2)

アウトラインS(1)

ストレートS(1)

フレンチノットS(2)

サテンS(2)

フレンチノットS(2)

サテンS(2)

(1)

ストレートS+フライS(1)

ジャーマンノットS(3)

アウトラインS(1)

レゼーデージーS(1)

アウトラインS(1)

フレンチノットS(2)
1回巻き

サテンS(2)

アウトラインS(1)

ストレートS(1)

サテンS(1)

アウトラインS(1)

アウトラインS(2)

アウトラインS(1)

サテンS(2)

フレンチノットS(2)

(2)

アウトラインS
D647(1)

フレンチノットS
C381(2)

サテンS
C820(2)

アウトラインS
D647(1)

大

サテンS
D647(2)

サテンS
C381(2)

サテンS
C573(2)

フレンチノットS
D677(2)
1回巻き

チェーンS
C573(1)

ストレートS
D677(1)

フレンチノットS
D677(2)

サテンS
D647(2)

アウトラインS
D647(1)

ストレートS(1)

サテンS
C381(2)

チェーンS
D677(1)

フレンチノットS
D729(2)

ストレートS
D729(1)

コルクボード ➤p32 作り方➤p107

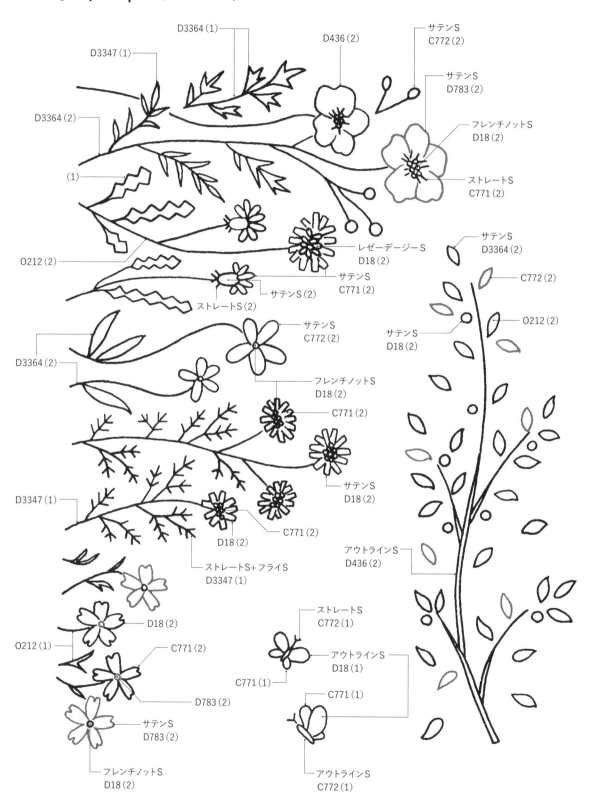

D3364(1)

D3347(1)

D436(2)

サテンS
C772(2)

サテンS
D783(2)

フレンチノットS
D18(2)

ストレートS
C771(2)

D3364(2)

(1)

レゼーデージーS
D18(2)

サテンS
C771(2)

サテンS
D3364(2)

C772(2)

O212(2)

サテンS(2)

ストレートS(2)

サテンS
C772(2)

フレンチノットS
D18(2)

C771(2)

サテンS
D18(2)

サテンS
D18(2)

O212(2)

D3364(2)

D3347(1)

D18(2)

C771(2)

アウトラインS
D436(2)

ストレートS+フライS
D3347(1)

ストレートS
C772(1)

アウトラインS
D18(1)

C771(1)

C771(1)

O212(1)

D18(2)

C771(2)

D783(2)

サテンS
D783(2)

フレンチノットS
D18(2)

アウトラインS
C772(1)

84

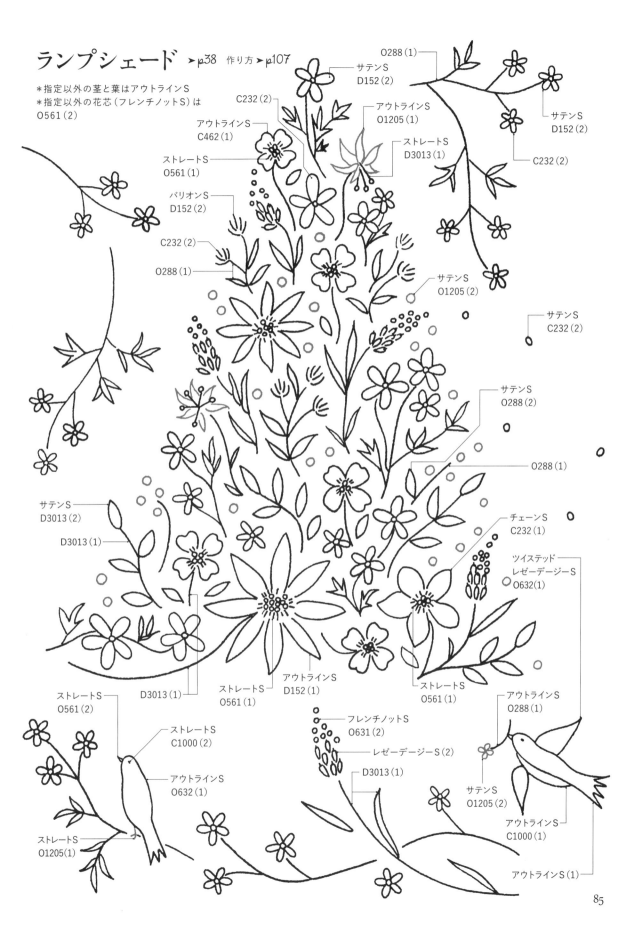

ランプシェード ➤p38　作り方 ➤p107

＊指定以外の茎と葉はアウトラインS
＊指定以外の花芯（フレンチノットS）は
O561（2）

O288（1）

サテンS
D152（2）

C232（2）

アウトラインS
O1205（1）

アウトラインS
C462（1）

ストレートS
D3013（1）

サテンS
D152（2）

ストレートS
O561（1）

C232（2）

バリオンS
D152（2）

C232（2）

O288（1）

サテンS
O1205（2）

サテンS
C232（2）

サテンS
O288（2）

O288（1）

サテンS
D3013（2）

D3013（1）

チェーンS
C232（1）

ツイステッド
レゼーデージーS
O632（1）

サテンS
O1205（2）

ストレートS
O561（2）

D3013（1）

ストレートS
O561（1）

アウトラインS
D152（1）

ストレートS
O561（1）

アウトラインS
O288（1）

ストレートS
C1000（2）

フレンチノットS
O631（2）

レゼーデージーS（2）

アウトラインS
O632（1）

D3013（1）

アウトラインS
C1000（1）

ストレートS
O1205（1）

アウトラインS（1）

85

クッションカバー →p42 作り方→p109

*p43は図案中のⓐ～ⓚを下記の糸で刺す

Ⓐ Ⓑ 花びらとつぼみはC235、その他はD315
Ⓔ 花びらはO794、その他はD3860
Ⓒ Ⓓ D3860
Ⓕ C235
Ⓖ D315

サテンS
D841（2）

アウトラインS
D372（1）

フレンチノットS
C385（2）

ツイステッド
レゼーデージーS
C385（1）

アウトラインS
O843（1）

サテンS
D372（2）

サテンS
D3828（2）

アウトラインS
O843（1）

サテンS
D372（2）

アウトラインS
O843（1）

フレンチノットS
D3828（2）

サテンS
C385（2）

アウトラインS
O843（1）

アウトラインS
D372（1）

フレンチノットS
C1000（2）

サテンS
C383（2）

アウトラインS
D640（1）

アウトラインS
D640（1）

フレンチノットS
D3828（2）

サテンS
C1000（2）

サテンS
D640（2）

アウトラインS
D640（1）

フレンチノットS
D3828（2）

サテンS
C383（2）

フレンチノットS
C1000（2）
3回巻き

サテンS
D3860（2）

86

ブランケット ➤p44 作り方➤p111

＊「D色番号⦿」はDMC（タ
ペストリーウール）を指す
＊ウール糸はすべて1本取
り、25番刺繍糸は6本取り

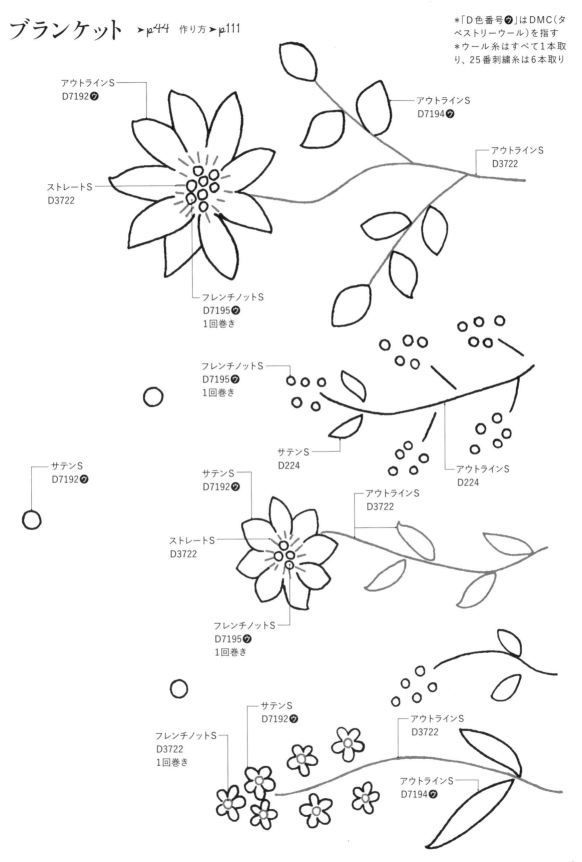

アウトラインS
D7192⦿

アウトラインS
D7194⦿

アウトラインS
D3722

ストレートS
D3722

フレンチノットS
D7195⦿
1回巻き

フレンチノットS
D7195⦿
1回巻き

サテンS
D224

アウトラインS
D224

サテンS
D7192⦿

サテンS
D7192⦿

アウトラインS
D3722

ストレートS
D3722

フレンチノットS
D7195⦿
1回巻き

サテンS
D7192⦿

アウトラインS
D3722

フレンチノットS
D3722
1回巻き

アウトラインS
D7194⦿

アイピロー ➤p45 作り方➤p111

*指定以外の茎と葉はアウトラインS D3835（1）

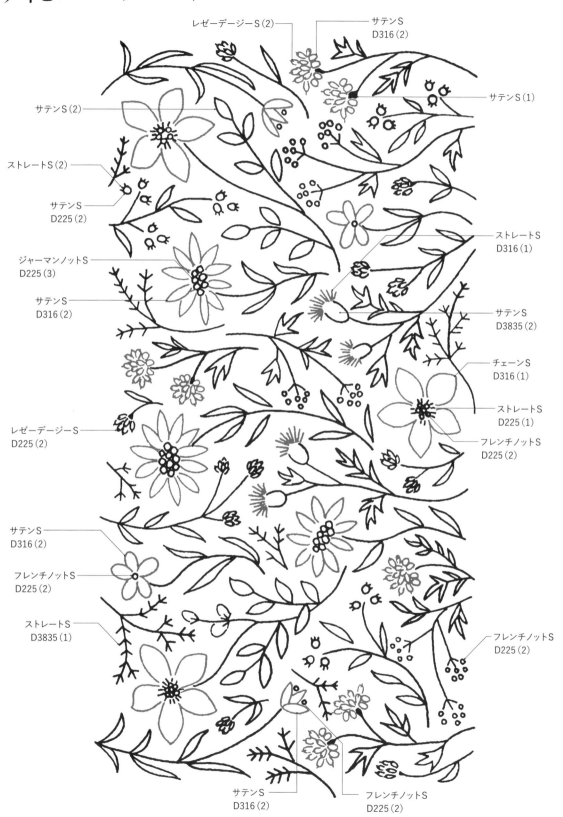

レゼーデージーS（2）

サテンS
D316（2）

サテンS（1）

サテンS（2）

ストレートS（2）

サテンS
D225（2）

ジャーマンノットS
D225（3）

サテンS
D316（2）

ストレートS
D316（1）

サテンS
D3835（2）

チェーンS
D316（1）

ストレートS
D225（1）

フレンチノットS
D225（2）

レゼーデージーS
D225（2）

サテンS
D316（2）

フレンチノットS
D225（2）

ストレートS
D3835（1）

フレンチノットS
D225（2）

サテンS
D316（2）

フレンチノットS
D225（2）

88

ブックカバーと栞　➤p.46　作り方➤p.109, 110

➤p.46　作り方➤p.109, 110

*指定以外の茎と葉はアウトラインS
*ブックカバーの茎はすべてC534(1)
*p47はすべてC1000

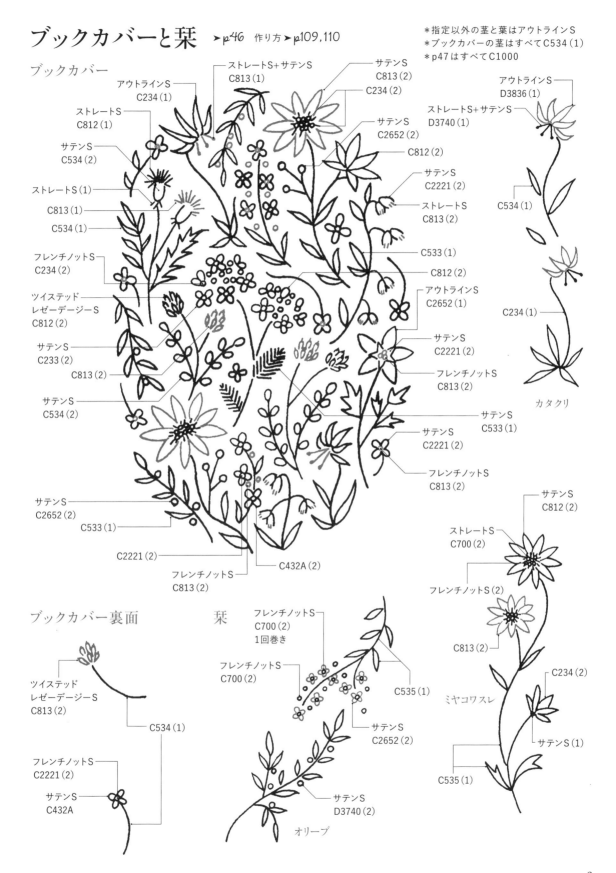

ブックカバー

ストレートS+サテンS
C813(1)

アウトラインS
C234(1)

ストレートS
C812(1)

サテンS
C534(2)

ストレートS(1)

C813(1)

C534(1)

フレンチノットS
C234(2)

ツイステッド
レゼーデージーS
C812(2)

サテンS
C233(2)

C813(2)

サテンS
C534(2)

サテンS
C813(2)
C234(2)

サテンS
C2652(2)

C812(2)

サテンS
C2221(2)

ストレートS
C813(2)

C533(1)

C812(2)

アウトラインS
C2652(1)

サテンS
C2221(2)

フレンチノットS
C813(2)

サテンS
C533(1)

サテンS
C2221(2)

フレンチノットS
C813(2)

サテンS
C2652(2)

C533(1)

C2221(2)

フレンチノットS
C813(2)

C432A(2)

アウトラインS
D3836(1)

ストレートS+サテンS
D3740(1)

C534(1)

C234(1)

カタクリ

サテンS
C812(2)

ストレートS
C700(2)

フレンチノットS(2)

C813(2)

C234(2)

ミヤコワスレ

サテンS(1)

C535(1)

ブックカバー裏面

ツイステッド
レゼーデージーS
C813(2)

C534(1)

フレンチノットS
C2221(2)

サテンS
C432A

栞

フレンチノットS
C700(2)
1回巻き

フレンチノットS
C700(2)

C535(1)

サテンS
C2652(2)

サテンS
D3740(2)

オリーブ

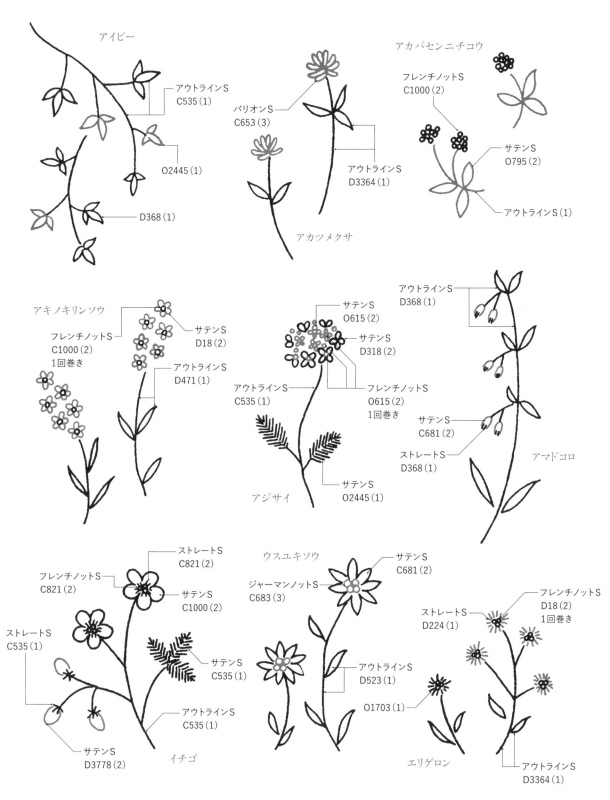

アイビー

アウトラインS
C535(1)

O2445(1)

D368(1)

バリオンS
C653(3)

アウトラインS
D3364(1)

アカツメクサ

アカバセンニチコウ

フレンチノットS
C1000(2)

サテンS
O795(2)

アウトラインS(1)

アキノキリンソウ

フレンチノットS
C1000(2)
1回巻き

サテンS
D18(2)

アウトラインS
D471(1)

サテンS
O615(2)

サテンS
D318(2)

アウトラインS
C535(1)

フレンチノットS
O615(2)
1回巻き

アジサイ

サテンS
O2445(1)

アウトラインS
D368(1)

サテンS
C681(2)

ストレートS
D368(1)

アマドコロ

ストレートS
C821(2)

フレンチノットS
C821(2)

サテンS
C1000(2)

ストレートS
C535(1)

サテンS
C535(1)

アウトラインS
C535(1)

サテンS
D3778(2)

イチゴ

ウスユキソウ

ジャーマンノットS
C683(3)

サテンS
C681(2)

アウトラインS
D523(1)

O1703(1)

ストレートS
D224(1)

フレンチノットS
D18(2)
1回巻き

エリゲロン

アウトラインS
D3364(1)

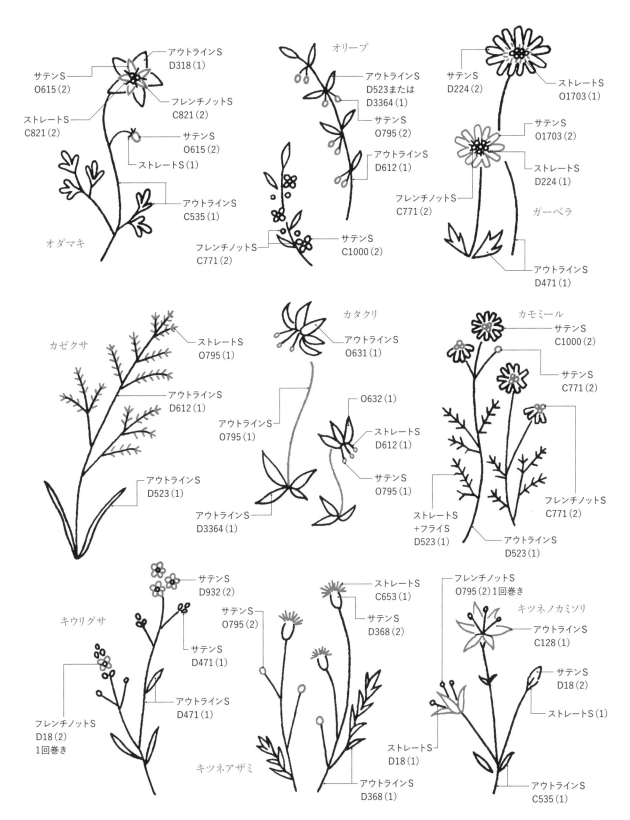

オダマキ

サテンS
O615(2)

アウトラインS
D318(1)

ストレートS
C821(2)

フレンチノットS
C821(2)

サテンS
O615(2)

ストレートS(1)

アウトラインS
C535(1)

オリーブ

アウトラインS
D523または
D3364(1)

サテンS
O795(2)

アウトラインS
D612(1)

フレンチノットS
C771(2)

サテンS
C1000(2)

サテンS
D224(2)

ストレートS
O1703(1)

サテンS
O1703(2)

ストレートS
D224(1)

ガーベラ

アウトラインS
D471(1)

カゼクサ

ストレートS
O795(1)

アウトラインS
D612(1)

アウトラインS
D523(1)

カタクリ

アウトラインS
O631(1)

アウトラインS
O795(1)

O632(1)

ストレートS
D612(1)

サテンS
O795(1)

アウトラインS
D3364(1)

カモミール

サテンS
C1000(2)

サテンS
C771(2)

フレンチノットS
C771(2)

ストレートS
+フライS
D523(1)

アウトラインS
D523(1)

キウリグサ

サテンS
D932(2)

サテンS
O795(2)

サテンS
D471(1)

アウトラインS
D471(1)

フレンチノットS
D18(2)
1回巻き

キツネアザミ

ストレートS
C653(1)

サテンS
D368(2)

ストレートS
D18(1)

アウトラインS
D368(1)

フレンチノットS
O795(2)1回巻き

キツネノカミソリ

アウトラインS
C128(1)

サテンS
D18(2)

ストレートS(1)

アウトラインS
C535(1)

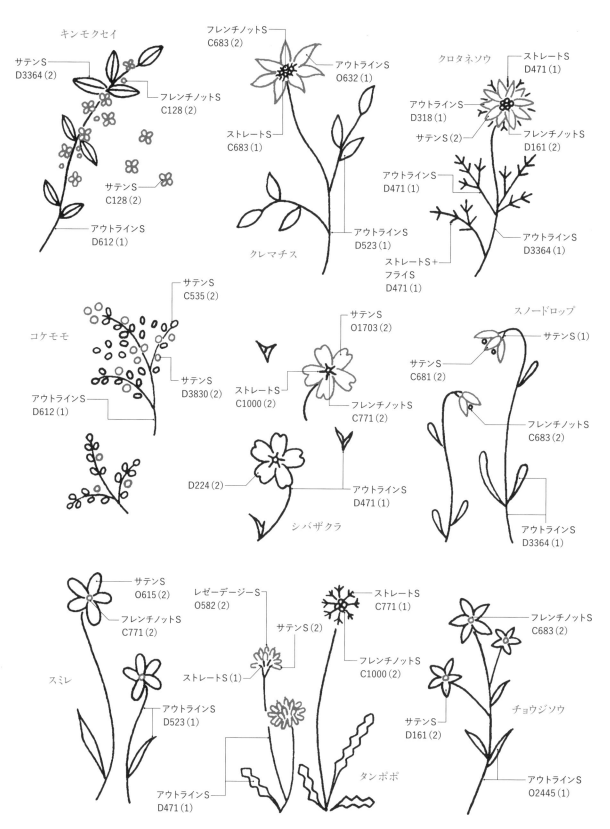

キンモクセイ

サテンS
D3364(2)

フレンチノットS
C128(2)

サテンS
C128(2)

アウトラインS
D612(1)

フレンチノットS
C683(2)

アウトラインS
O632(1)

ストレートS
C683(1)

アウトラインS
D523(1)

クレマチス

クロタネソウ

ストレートS
D471(1)

アウトラインS
D318(1)

サテンS(2)

フレンチノットS
D161(2)

アウトラインS
D471(1)

ストレートS+
フライS
D471(1)

アウトラインS
D3364(1)

サテンS
C535(2)

コケモモ

サテンS
D3830(2)

アウトラインS
D612(1)

サテンS
O1703(2)

ストレートS
C1000(2)

フレンチノットS
C771(2)

D224(2)

アウトラインS
D471(1)

シバザクラ

スノードロップ

サテンS(1)

サテンS
C681(2)

フレンチノットS
C683(2)

アウトラインS
D3364(1)

サテンS
O615(2)

フレンチノットS
C771(2)

スミレ

アウトラインS
D523(1)

レゼーデージーS
O582(2)

サテンS(2)

ストレートS(1)

アウトラインS
D471(1)

ストレートS
C771(1)

フレンチノットS
C1000(2)

タンポポ

フレンチノットS
C683(2)

サテンS
D161(2)

チョウジソウ

アウトラインS
O2445(1)

92

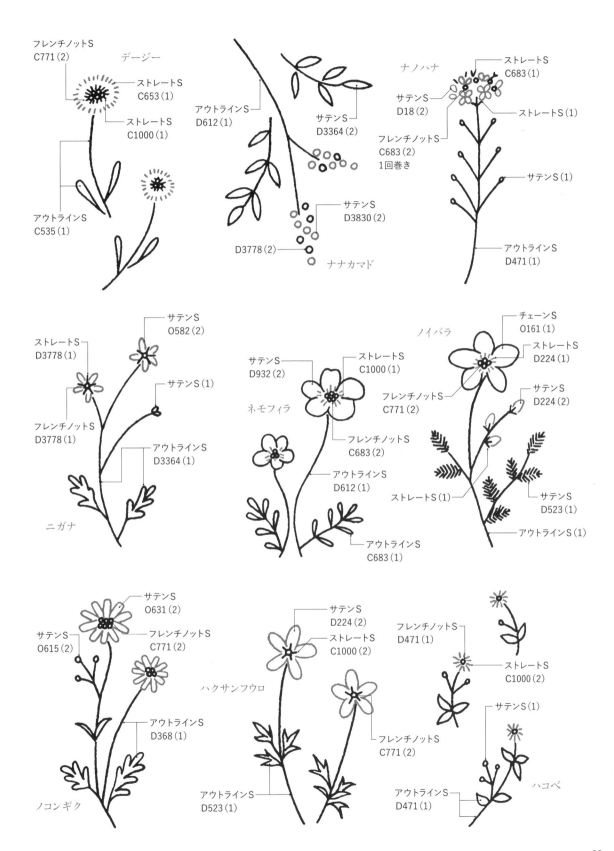

フレンチノットS
C771（2）

デージー

ストレートS
C653（1）

ストレートS
C1000（1）

アウトラインS
C535（1）

アウトラインS
D612（1）

サテンS
D3364（2）

サテンS
D3830（2）

D3778（2）

ナナカマド

ナノハナ

ストレートS
C683（1）

サテンS
D18（2）

ストレートS（1）

フレンチノットS
C683（2）
1回巻き

サテンS（1）

アウトラインS
D471（1）

サテンS
O582（2）

ストレートS
D3778（1）

サテンS（1）

フレンチノットS
D3778（1）

アウトラインS
D3364（1）

ニガナ

サテンS
D932（2）

ストレートS
C1000（1）

ネモフィラ

フレンチノットS
C683（2）

アウトラインS
D612（1）

アウトラインS
C683（1）

ノイバラ

チェーンS
O161（1）

ストレートS
D224（1）

フレンチノットS
C771（2）

サテンS
D224（2）

ストレートS（1）

サテンS
D523（1）

アウトラインS（1）

サテンS
O631（2）

サテンS
O615（2）

フレンチノットS
C771（2）

アウトラインS
D368（1）

ノコンギク

サテンS
D224（2）

ストレートS
C1000（2）

ハクサンフウロ

フレンチノットS
C771（2）

アウトラインS
D523（1）

フレンチノットS
D471（1）

ストレートS
C1000（2）

サテンS（1）

アウトラインS
D471（1）

ハコベ

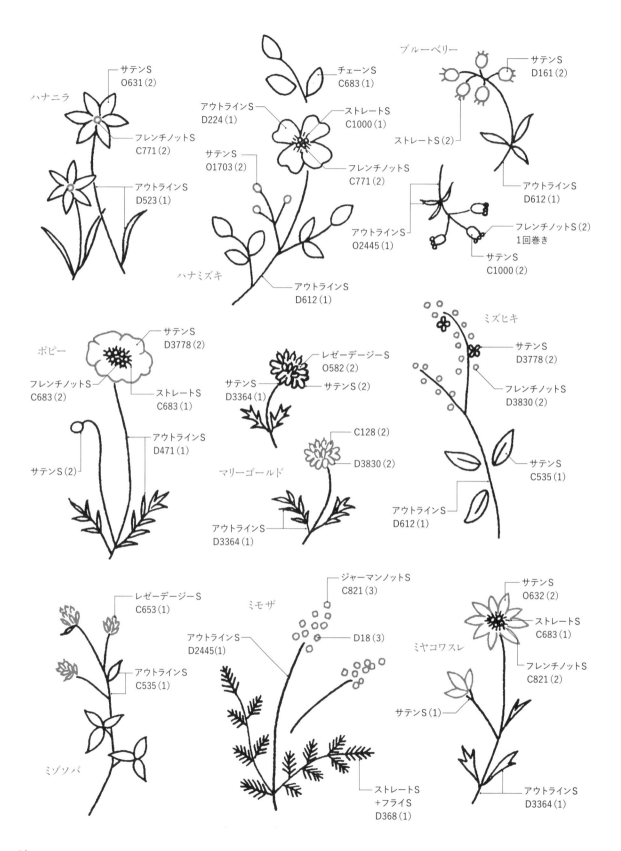

ハナニラ
サテンS O631(2)
フレンチノットS C771(2)
アウトラインS D523(1)

チェーンS C683(1)
アウトラインS D224(1)
ストレートS C1000(1)
サテンS O1703(2)
フレンチノットS C771(2)
アウトラインS O2445(1)
ハナミズキ
アウトラインS D612(1)

ブルーベリー
サテンS D161(2)
ストレートS(2)
アウトラインS D612(1)
フレンチノットS(2) 1回巻き
サテンS C1000(2)

ポピー
サテンS D3778(2)
フレンチノットS C683(2)
ストレートS C683(1)
アウトラインS D471(1)
サテンS(2)

レゼーデージーS O582(2)
サテンS D3364(1)
サテンS(2)
C128(2)
D3830(2)
マリーゴールド
アウトラインS D3364(1)

ミズヒキ
サテンS D3778(2)
フレンチノットS D3830(2)
サテンS C535(1)
アウトラインS D612(1)

レゼーデージーS C653(1)
アウトラインS C535(1)
ミゾソバ

ジャーマンノットS C821(3)
ミモザ
アウトラインS D2445(1)
D18(3)
ストレートS ＋フライS D368(1)

サテンS O632(2)
ストレートS C683(1)
ミヤコワスレ
フレンチノットS C821(2)
サテンS(1)
アウトラインS D3364(1)

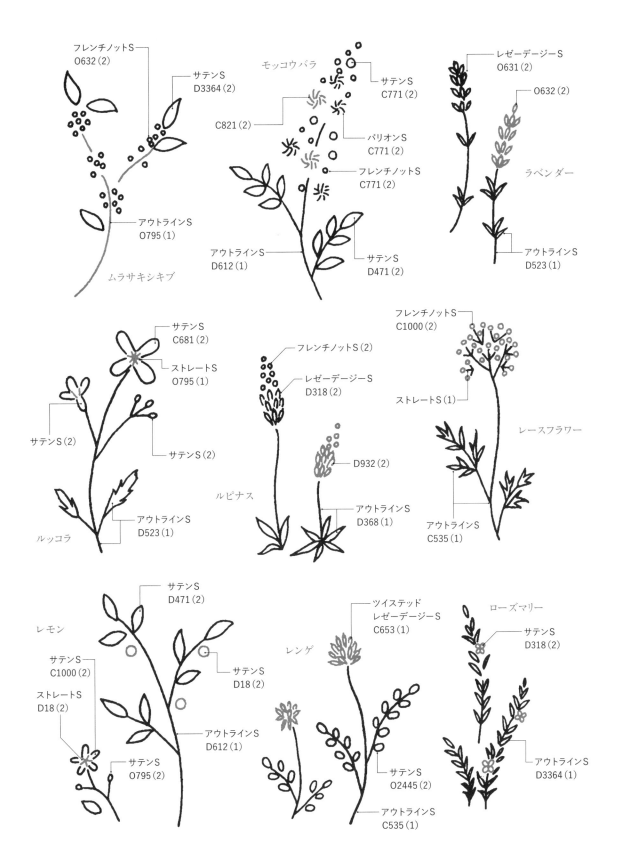

フレンチノットS
O632(2)

サテンS
D3364(2)

モッコウバラ

サテンS
C771(2)

C821(2)

バリオンS
C771(2)

フレンチノットS
C771(2)

アウトラインS
O795(1)

ムラサキシキブ

アウトラインS
D612(1)

サテンS
D471(2)

レゼーデージーS
O631(2)

O632(2)

ラベンダー

アウトラインS
D523(1)

サテンS
C681(2)

ストレートS
O795(1)

サテンS(2)

サテンS(2)

アウトラインS
D523(1)

ルッコラ

フレンチノットS(2)

レゼーデージーS
D318(2)

D932(2)

ルピナス

アウトラインS
D368(1)

フレンチノットS
C1000(2)

ストレートS(1)

レースフラワー

アウトラインS
C535(1)

サテンS
D471(2)

レモン

サテンS
C1000(2)

ストレートS
D18(2)

サテンS
D18(2)

アウトラインS
D612(1)

サテンS
O795(2)

ツイステッド
レゼーデージーS
C653(1)

レンゲ

ローズマリー

サテンS
D318(2)

サテンS
O2445(2)

アウトラインS
D3364(1)

アウトラインS
C535(1)

作品の作り方

時計 ▶p3　実物大図案 ▶p66,90,92〜95

材料

●糸

大
オリムパス … 212／237
コスモ ……… 318／774

小
オリムパス … 582／1703
コスモ ……… 128／653／683／771／
　　　　　　773／821／1000
DMC ……… 18／224／471／523／
　　　　　　612／3364／3830

●その他

大
布45×45cm
直径24cmトレー（穴をあけられるもの）
時計キット

小
布25×25cm
直径15.5cmフレーム
小枝

作り方のポイント

●大はトレーの中心に穴をあけておく

●小の強度をあげたいときは、フレームに厚紙を
貼ってトレー状にする

●小の花は花図鑑（p90,92〜95）と同じ。寸法を参
照してバランスよく配置する

●小の数字は大を60％に縮小して、C773（2）の糸
で刺す

＊できあがりサイズ…**大**直径24cm、**小**直径15.5cm

大

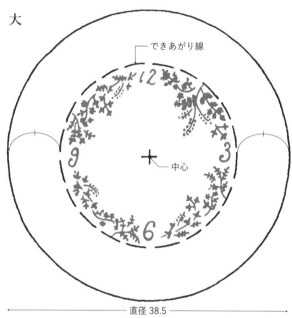

できあがり線
中心

直径 38.5
できあがりサイズ＋（トレーの厚み×2）＋10

小

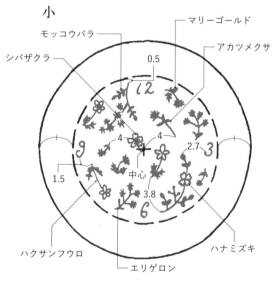

マリーゴールド
モッコウバラ
アカツメクサ
シバザクラ
0.5
4　4
2.7
1.5
3.8
中心
ハクサンフウロ
エリゲロン
ハナミズキ

直径 23
できあがりサイズ＋（フレームの厚み×2）＋6

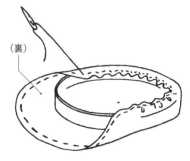

1 布に刺繍をして裁つ。周囲をぐ
し縫いし、布の裏にトレーをの
せて糸を引き絞る

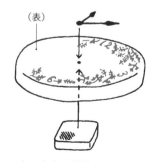

2 大は中心に時計キットを、ビス
でつける

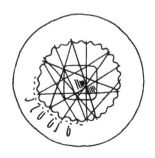

3 裏に糸を渡して、布をぴんと張
る。小は小枝を針に見立てて、
接着剤でつける

キャニスターラベル ➤p10　実物大図案 ➤p67

材料 (1点分・3点共通)

●糸
DMC … 157／734／794／
　　　976（ティーのみ）／3807

●その他
4cm幅平テープ21cm
紐100cm

作り方のポイント
●紐は刺繍糸をより合わせてもよい

＊できあがりサイズ…長さ20cm

できあがり線

0.5　　　　　　　　　　　　　0.5

Coffee

Sugar

tea

4

├──────── 21 ────────┤

紐のつけ方

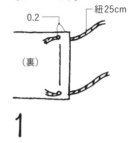

0.2　　　紐25cm

（裏）

1

紐は4等分。紐の先を
ひと結びして平テープ
の裏から刺し、もう一方
の先もひと結びする

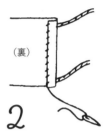

（裏）

2

平テープをできあがり
線で折り、まつる

ジャム瓶カバー　➤p11　実物大図案 ➤p68

材料 (1点分)

●糸
ブルーベリー
オリムパス … 654／731／843
DMC ……… 32／336／367／471
レモン
オリムパス … 283／284／795／731／843
コスモ ……… 772
DMC ……… 3363
ストロベリー
オリムパス … 283／284／731／768
DMC ……… 3363

●その他
ブルーベリー布20×20cm
レモン・ストロベリー
布各15×15cm

作り方のポイント
●布の中心に刺繍をして
から、周囲をピンキングば
さみで裁つ

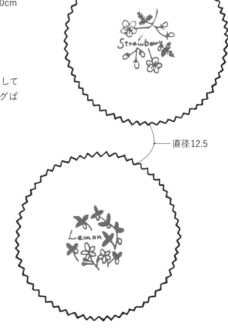

Strawberry

直径12.5

直径15

Blueberry

Lemon

ランチョンマットとコースター ➤p12　実物大図案 ➤p70

材料（1点分）

●糸

ランチョンマット（AB共通）

オリムパス … 236

コスモ ……… 733／981A

DMC ……… BLANC／414／422／779（Aのみ）／
　　　　　　 3364／3861

コースター（AB共通）

オリムパス … 236（Aのみ）

コスモ ……… 981A

DMC ……… BLANC／422／3364

●その他

ランチョンマット

布45×35cm

コースター

布15×15cm

作り方のポイント

●市販のランチョンマットやコースターを使ってもよい

●片ヘムかがりはD BLANC（2）の糸でする

＊できあがりサイズ…**ランチョンマット**31×41cm
　　　　　　　　　　コースター11×11cm

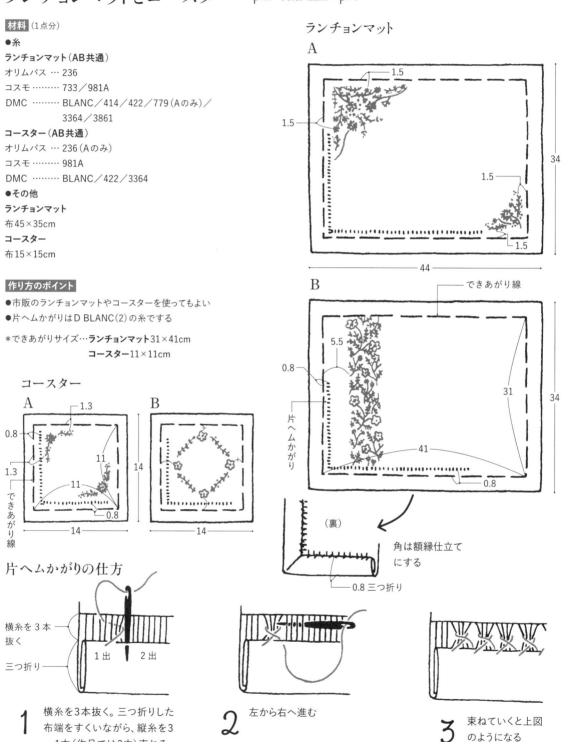

ランチョンマット

A

B

できあがり線

片ヘムかがり

角は額縁仕立て
にする

0.8 三つ折り

コースター

A　　　　　B

片ヘムかがりの仕方

1 横糸を3本抜く。三つ折りした布端をすくいながら、縦糸を3〜4本（作品では3本）束ねる

横糸を3本抜く

三つ折り

1出　2出

2 左から右へ進む

3 束ねていくと上図のようになる

ティーコージーとポットマット ➤p14　実物大図案 ➤p68,69

材料

●糸

ティーコージー
DMC ……… ECRU／28／152／
　　　　　　　160／161／223／
　　　　　　　502／522／834

ポットマット
DMC ……… ECRU／160／161／
　　　　　　　502／522

●その他

ティーコージー
表布、裏布、キルト綿各50×35cm
1.2cm幅レース10cm
2cm幅平テープ60cm

ポットマット
布40×20cm
キルト綿20×20cm
1.2cm幅レース10cm

作り方のポイント

●平テープのつなぎ目は後ろにする

＊できあがりサイズ…**ティーコージー**19×27cm
　　　　　　　　　　ポットマット15×15cm

ティーコージー
表布、裏布（各2枚）

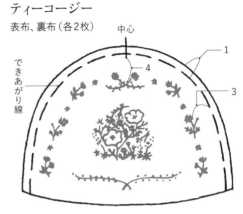

中心

1

4

3

できあがり線

1 布を裁つ。表布の前は刺繍をし
てから裁つ（口は縫い代なし）

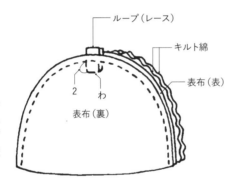

ループ（レース）

キルト綿

表布（表）

2　わ

表布（裏）

2 表布2枚を中表に合わ
せ、キルト綿2枚を重ね
て縫う。このときループ
を挟みつける。裏布2枚
も中表に縫う

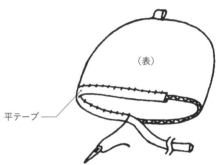

（表）

平テープ

3 表布と裏布を外表に重ね、口を平テー
プでくるんでまつる

ポットマット
表布、裏布（各1枚）

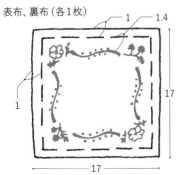

1　1.4

1

17

17

1 刺繍をしてから布を裁つ

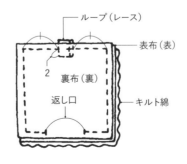

ループ（レース）

表布（表）

2

裏布（裏）

返し口

キルト綿

2 表布と裏布を中表に合わせ、キ
ルト綿を重ねて周囲を縫う。こ
のときループを挟みつける

（表）

3 表に返して返し口をまつる

テーブルナプキン ➤p15 実物大図案 ➤p72

材料（1点分）
●糸（手前、奥共通）
コスモ ‥‥‥‥ 523／534A
DMC ‥‥‥‥ 168／318

●その他
市販のナプキン（作品は42×42cm）

作り方のポイント
●好みの布で作ってもよい

縁の始末の仕方

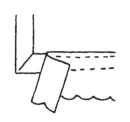

1 角を折る
（裏）

2 できあがり線で折る

3 2cm幅レースで布端を隠してミシンステッチ

手前

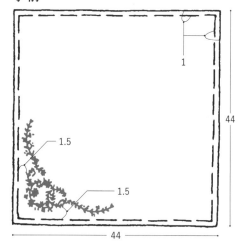

1
1.5
1.5
44
44

刺繍をしてから布を裁ち、周囲にレースを重ねて始末する

奥

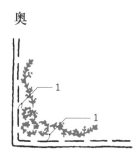

1
1

ディッシュクロス ➤p16 実物大図案 ➤p73

材料（1点分）
●糸（左右共通）
オリムパス … 310（左のみ）／312
DMC ‥‥‥‥ 931／3752（左のみ）

●その他
市販のクロス（作品は66×50cm）

作り方のポイント
●好みの布で作ってもよい

左

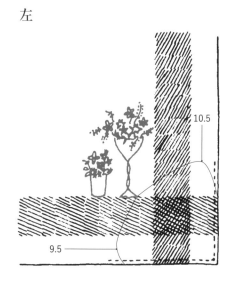

10.5
9.5

右

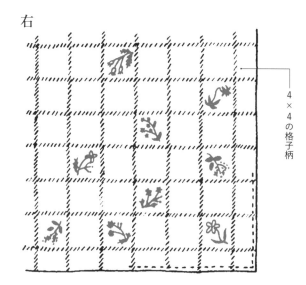

4×4の格子柄

ピンクッション ➤p22　実物大図案 ➤p76

材料（1点分）

●糸

右	中	左
オリムパス … 2012	オリムパス … 2011	オリムパス … 2012
コスモ ……… 572／771／772	コスモ ……… 772	コスモ ……… 572
DMC ……… 729／3821／3860	DMC ……… 729／3821	DMC ……… 3821

●その他

右
布15×15cm
直径5.8cmウッドボウル1個

中・左
上布、下布各10×10cm

全作品共通
手芸綿適宜

*できあがりサイズ…**右**高さ5cm、**中・左**幅5cm

右

直径13cm

1 刺繍をして布を裁ち、周囲をぐし縫いする

2

糸を引き絞りながら綿を詰め、接着剤でウッドボウルに固定する

中　　左

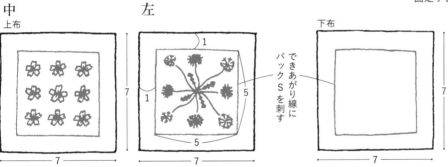

上布

左
1
1
5
5

できあがり線にバックSを刺す

下布

7
7
7

1

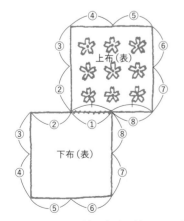

上布（表）
④ ⑤
③ ⑥
② ⑦
① ⑧
② ⑧
③ ⑦
下布（表）
④ ⑦
⑤ ⑥

できあがり線で布端を折り込み、上布と下布を図のように半分ずらして並べ、同じ番号同士バックSをすくいながら縫い合わせる

2

②まで縫ったところ

バックSのすくい方

バックS

3

⑥まで縫ったら綿を詰め、残りも縫う

4

中心がくぼむように糸を出して引く

ソーイングボックス ▶p23　実物大図案 ▶p74

材料

●糸

オリムパス … 562／723

コスモ ……… 574／771／773／774／924

DMC ……… ECRU／370／435／676／3011／3862

●その他

表布 40×35cm

裏布、キルト綿、厚紙各 30×25cm

0.5cm幅平紐 80cm

好みのカゴ（入れ口 18.5×25.5cm）

作り方のポイント

●キルト綿と厚紙はできあがりサイズで裁つ

●表布を縫い絞った後は、裏に糸を渡して布を張る（p96 3参照）

●平紐をカゴの編み目に結びつける

*できあがりサイズ…19×26cm（ふたのみ）

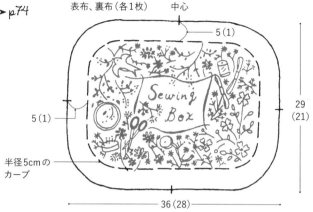

表布、裏布（各1枚）　中心

5（1）

5（1）

半径5cmのカーブ

29（21）

36（28）

1 表布に刺繍をしてから裁つ。裏布は（ ）内の寸法で裁つ

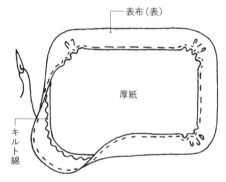

表布（表）

厚紙

キルト綿

2 表布の周囲をぐし縫いし、裏にキルト綿と厚紙を当てて縫い絞る

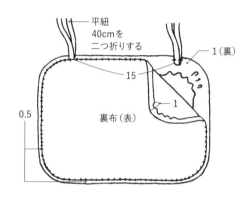

平紐40cmを二つ折りする

1（裏）

15

1

0.5

裏布（表）

3 2の裏に平紐を縫いつけ、縫い代を折り込んだ裏布をまつる（裏布はひと回り小さく作る）

シザーキーパー ▶p22　実物大図案 ▶p76

材料

●糸

コスモ ……… 572／771／772／924

DMC ……… 3860

●その他

布各 15×10cm

紐 15cm

長さ2.5cmタッセル 1個

手芸綿

作り方のポイント

●バックSのすくい方は p101参照

*できあがりサイズ…4×4cm

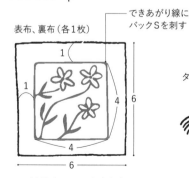

表布、裏布（各1枚）

できあがり線にバックSを刺す

1

1

4

4

6

6

1 刺繍をしてから（裏布はバックSのみ）、布を裁つ

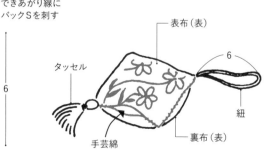

タッセル

手芸綿

表布（表）

6

裏布（表）

紐

2 縫い代を折り込み、表布と裏布のバックS同士をすくって縫い合わせる。このとき紐とタッセルを挟みつけ、手芸綿を詰める

メッセージカード ➤p24　実物大図案 ➤p77

材料（1点分）

●糸

アジサイ	**キツネノカミソリ**	**ウスユキソウ**
オリムパス … 288	オリムパス … 288／562／783／784	オリムパス … 562
DMC ……… 371／372／834／3046	DMC ……… 3776	DMC ……… 372／3022／3047
モッコウバラ	**イチゴ**	**●その他**
コスモ ……… 771	オリムパス … 288／783	布20×15cm（大）、15×10cm（小）
DMC ……… 677／3052	コスモ ……… 821／1000	厚紙20×35cm（大）、15×25cm（小）
	DMC ……… 371	

作り方のポイント
- ●布は厚紙よりやや小さく裁つ
- ●布と厚紙は両面接着テープでつける

大

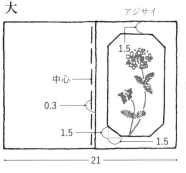
アジサイ
1.5
中心
0.3
1.5
1.5
15
21

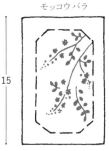
モッコウバラ

小

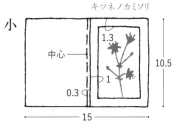
キツネノカミソリ
1.3
中心
1
0.3
10.5
15

ウスユキソウ

イチゴ

重ね方

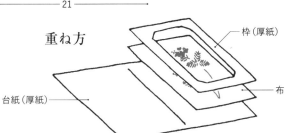
枠（厚紙）
台紙（厚紙）
布

タペストリー ➤p30　実物大図案 ➤p80

材料

●糸

オリムパス … 289／563
コスモ ……… 671／772／773
DMC ……… 18／370／472／728／
　　　　　　834／3740／3820

●その他

布35×55cm
長さ30cmマグネット式タペストリーホルダー

作り方のポイント
- ●寸法を参考に図案を配置する
- ●タペストリーホルダーで上下を挟んで飾る

＊できあがりサイズ…46×30cm（ホルダー除く）

周囲の始末の仕方

0.5
（裏）

三つ折りして縫う

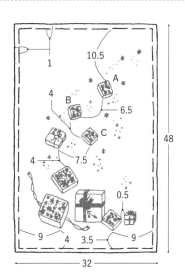
1　10.5
A
4
B
6.5
C
4　7.5
0.5
9　4　3.5　9
48
32

ワンマイルウェア ➤p26 実物大図案 ➤p78

材料

●糸
DMC
632／738／780／782／3772

●その他
好みのワンピース（身幅54cm）

作り方のポイント
●寸法は目安。服に合わせてステッチを繰り返したり、図案を拡大してもよい。

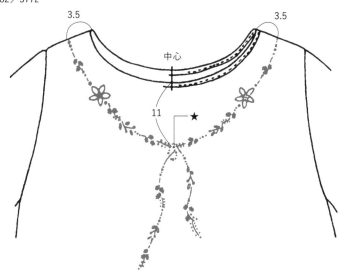

3.5　　　　　　3.5
中心
11　←★

トートバッグ ➤p29 実物大図案 ➤p80

材料

●糸
コスモ ……… 301

●その他
本体用布 80×45cm
持ち手用布 65×15cm
3cm幅平テープ 80cm

作り方のポイント
●市販のバッグに刺繍してもよい（作品は市販のバッグをリメイク）

＊できあがりサイズ…35×37cm

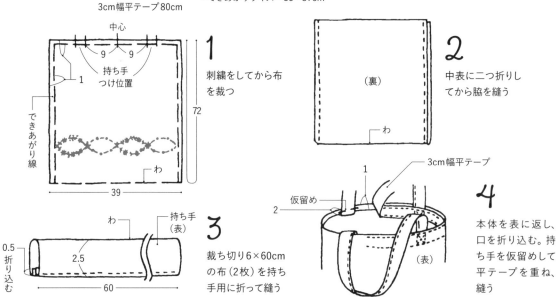

中心
9　9
持ち手つけ位置
1
できあがり線
わ
72
39

1
刺繍をしてから布を裁つ

（裏）
わ

2
中表に二つ折りしてから脇を縫う

わ
持ち手（表）
0.5 折り込む
2.5
60

3
裁ち切り6×60cmの布（2枚）を持ち手用に折って縫う

3cm幅平テープ
1
仮留め
2
（表）

4
本体を表に返し、口を折り込む。持ち手を仮留めして平テープを重ね、縫う

マスクとマスクケース ▶p28　実物大図案 ▶p79

材料 (1点分)

●糸
マスク(手前)
コスモ ……… 299
マスク(奥)
コスモ ……… 2631／3299
マスクケース
コスモ ……… 299／2631／3299

●その他
マスク(手前・奥共通)
表布、裏布各20×35cm
0.9cm幅伸びるリボン60cm
マスクケース
表布、裏布各40×20cm

作り方のポイント
● 裏布の両脇は裁ち切りで裁ってもよい
● マスク手前はp79の図案をマスク奥の格子が交わる点に刺す
＊できあがりサイズ…**マスク**14×11cm(折りたたみ時)
　　　　　　　　　　マスクケース13×14cm

マスク

できあがり線

手前

奥

1 刺繍して布を裁つ

表布(裏)

(表)

2 表布を中表に合わせて中心を縫う。裏布も同様に

縫い代は開いて切り込みを入れる

裏布(裏)

表布(表)

3 2を開いて、表布と裏布を中表に合わせ上下を縫う

リボン30cm

(表)

1三つ折り

4 表に返し、両端を三つ折りして縫い、リボンを通す

マスクケース
表布、裏布(各1枚)

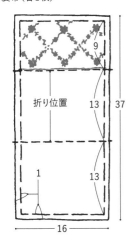

9

折り位置

13

13

37

1

16

1 刺繍をして布を裁つ

表布(表)

裏布(裏)

2 表布と裏布を中表に合わせ、上下を縫う

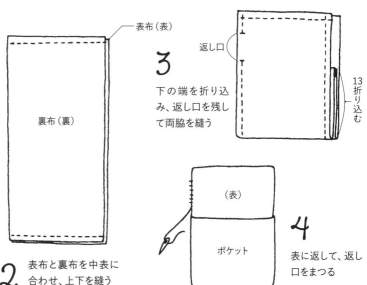

返し口

13折り込む

3 下の端を折り込み、返し口を残して両脇を縫う

(表)

ポケット

4 表に返して、返し口をまつる

アートフレーム ➤p33　実物大図案 ➤p82

材料

●糸

大

コスモ……381／573／820

DMC ……647／677／729

中

コスモ……1000

小

オリムパス‥758

コスモ……574／684

DMC ……676／3822

●その他

大

布25×35cm

内径14×21.5cm刺繍枠

中

布25×20cm

内径13.5×10cmフレーム

小

布20×15cm

内径8.8×6.4cmフレーム

作り方のポイント

●余った布端は糸を渡して始末する（p96 3参照）

大

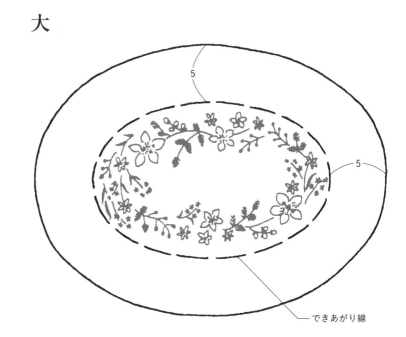

5

5

できあがり線

中　小

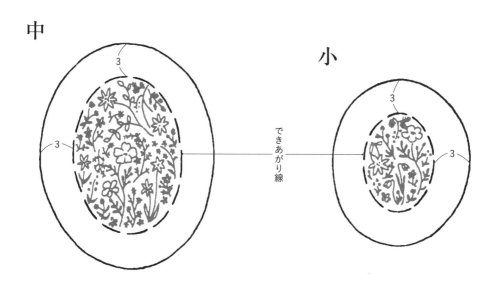

3

3

できあがり線

3

3

コルクボード ➤p32　実物大図案 ➤p84

材料

●糸
オリムパス … 212
コスモ ……… 771／772
DMC ……… 18／436／783／3347／3364

●その他
布40×50cm
コルクボード28×38cm

作り方のポイント
●布端は糸を渡して始末してもよい

＊できあがりサイズ…28×38cm

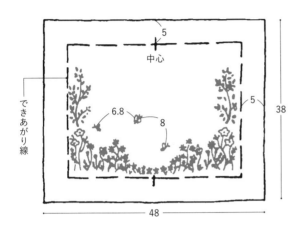

5
中心
できあがり線
6.8
8
5
38
48

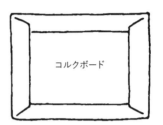

コルクボード

刺繍してから布を裁ち、コルクボードを包む。余った布端は両面接着テープで貼りつける

ランプシェード ➤p38　実物大図案 ➤p85

材料

●糸
オリムパス … 288／561／631／632／1205
コスモ ……… 232／462／1000
DMC ……… 152／3013

●その他
布25×55cm
好みのランプシェード
（作品は外径14.3cm、高さ20cm）

作り方のポイント
●ランプシェードの大きさに合わせて、図案の繰り返しを増やしたり減らしたり調整する

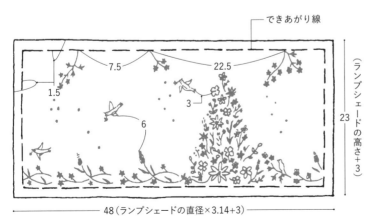

できあがり線
7.5
22.5
1.5
3
6
23（ランプシェードの高さ＋3）
48（ランプシェードの直径×3.14＋3）

1 刺繍をしてから布を裁つ

2 布端は折り込んで両面接着テープで貼る

カーテン ➤p40　実物大図案 ➤p71,p84,p87

材料

●糸
コスモ ……… 223／813

●その他
布（生成り）170×110cm
布（ピンク）140×90cm

作り方のポイント
● ⓐはp71、ⓑはp84、ⓒはp87の図案と同じ
● 糸はC223と813を好みで組み合わせる
● 縫い代はすべて2cm

＊できあがりサイズ
…140×140cm

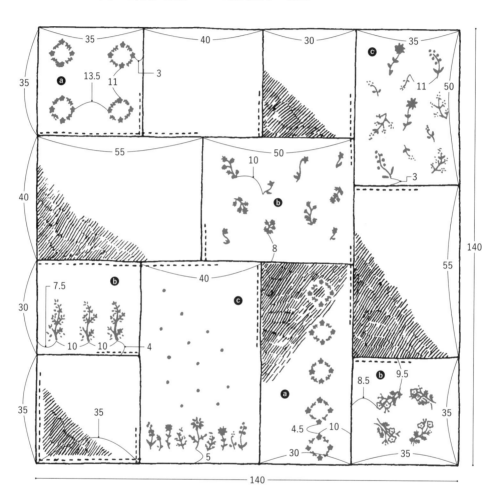

周囲の始末の仕方

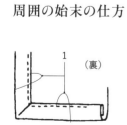

三つ折りして縫う

布のつなぎ方

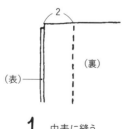

1 中表に縫う

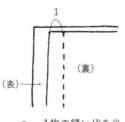

2 1枚の縫い代を半分にカットする

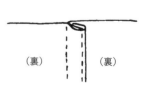

3 長い縫い代で短い縫い代をくるみ、縫いつける

クッションカバー ➤p42　実物大図案 ➤p86

➤p42　実物大図案 ➤p86

材料

●糸
オリムパス … 843
コスモ ……… 383／385／1000
DMC ……… 372／640／841／3828／3860

●その他
布 40×85cm

作り方のポイント

●寸法はクッションに合わせて調整する

＊できあがりサイズ…35×35cm

①三つ折り
して縫う

1

2

2

37

22

22

83

1

（裏）

②中表に
たたんで縫う

栞 ➤p46　実物大図案 ➤p89

➤p46　実物大図案 ➤p89

材料 (1点分)

●糸
ミヤコワスレ
コスモ ……… 234／535／700／812／813
カタクリ
コスモ ……… 234／534
DMC ……… 3740／3836
オリーブ
コスモ ……… 535／700／2652
DMC ……… 3740
●その他
4cm幅平テープ 12cm
紐 15cm

作り方のポイント

●平テープの端は手芸用接着剤を少量つけて
ほつれ止めをする

＊できあがりサイズ…12×4cm

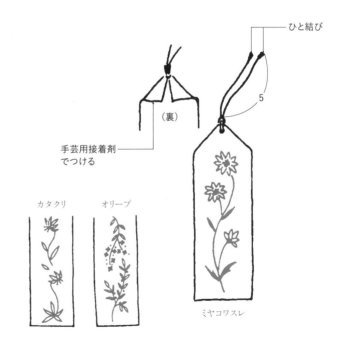

ひと結び

5

（裏）

手芸用接着剤
でつける

カタクリ　　オリーブ

ミヤコワスレ

ブックカバー ➤p46　実物大図案 ➤p89

材料

●糸
コスモ ……… 233／234／432A／533／534／
812／813／2221／2652

●その他
表布、裏布、薄手接着芯各45×25cm
0.5cm幅平ゴム20cm

作り方のポイント
●裏面にはp89の図案をバランスよく刺す

＊できあがりサイズ…16.5×31cm

1

刺繍をしてから布を裁
ち、裏布の裏に接着芯
（裁ち切り）を貼る

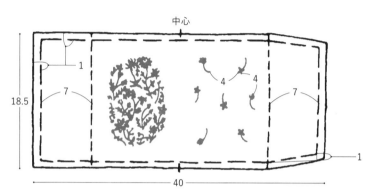

中心

18.5

40

2

表布と裏布を中表に合
わせ、ポケット口になる
端を縫う

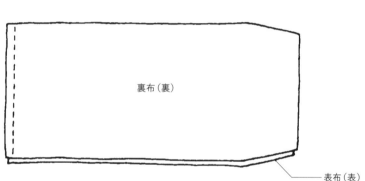

裏布（裏）

表布（表）

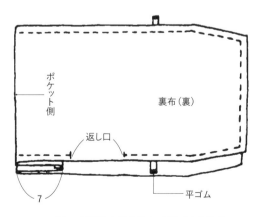

ポケット側

返し口

裏布（裏）

7

平ゴム

3
ポケット部分を折り込んで平ゴムを挟み、
ポケット側と返し口を残して周囲を縫う

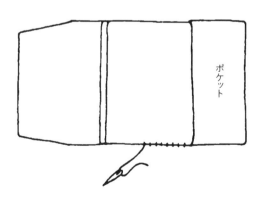

ポケット

4
表に返して周囲を始末する

ブランケット ►p44　実物大図案 ►p87

材料

●糸
DMC ……………………… 224／3722
DMC（タペストリーウール）… 7192／7194／7195

●その他
好みのブランケット（作品は幅80cm）

作り方のポイント
●ブランケットの幅に合わせて、図案を繰り返したり反転させたりする

アイピロー ►p45　実物大図案 ►p88

材料

●糸
DMC ………225／316／3835
●その他
布15×50cm
中袋用布25×25cm
小豆適量

＊できあがりサイズ…10×20cm

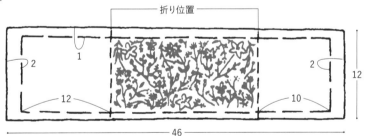

折り位置

1 刺繍をしてから布を裁つ

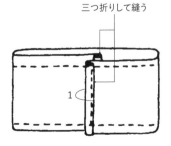
三つ折りして縫う

2 両端を三つ折りして縫い、折り位置で中表にたたんで上下を縫う

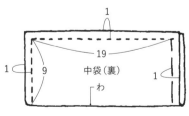

3 ①中袋を縫う。20×21cmの布を中表に二つ折りしてL字に縫う

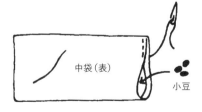

②表に返して小豆を入れ、入れ口の縫い代を折り込んで縫う

アトリエ ド ノラ
ながたにあいこ

刺繍作家。(公財)日本手芸普及協会刺しゅう指導員。
日本大学芸術学部卒業。2010年より、雑貨店などで作品販売を
行いながら、刺繍作家としての活動を開始。山歩きをはじめたことを
機に、刺すモチーフが身近な植物中心になる。現在、刺繍教室「ア
トリエ ド ノラ(atelier de nora)」を主宰。同教室のほか、イベ
ントや企画展への参加などで、オリジナル刺繍を制作、発表し
ている。著書に『春夏秋冬。ボタニカル刺繍で彩る服と小物』
(KADOKAWA)がある。

HP：https://nora77.com
インスタグラム：https://www.instagram.com/atelier_de_nora

使用した刺繍糸ブランドおよび取扱い店(敬称略)

オリムパス製絲
https://www.olympus-thread.com

ディー・エム・シー(DMC)
https://www.dmc.com

ルシアン(コスモ)
https://www.lecien.co.jp

撮影協力
AWABEES／UTUWA
http://www.awabees.com

身近に使える48のインテリア小物
おうち時間を楽しむ
ボタニカル刺繍

2021年3月18日　初版発行
2024年9月25日　6版発行

著　者　　アトリエ ド ノラ
発行者　　山下直久
発　行　　株式会社KADOKAWA
　　　　　〒102-8177 東京都千代田区富士見2-13-3
　　　　　TEL 0570・002・301(ナビダイヤル)
印刷所　　大日本印刷株式会社

●お問い合わせ
https://www.kadokawa.co.jp/ (「お問い合わせ」へお進みください)

＊内容によっては、お答えできない場合があります。
＊サポートは日本国内のみとさせていただきます。
＊Japanese text only